Complex Scientific Management

复杂科学管理

（第1辑）

徐绪松　陈　劲　主编

科学出版社

北　京

内 容 简 介

《复杂科学管理》是国内唯一一份致力于介绍复杂科学管理的基本理论、方法、应用及最新发展的学术集刊。本集刊以“学术创新，学术民主”为宗旨，刊载复杂科学管理领域内高质量的学术论文，包括理论探讨、实证分析、案例解读、文献综述和评论等。

本集刊共收录了 6 篇文章，研究主题涉及：“复杂科学管理”的创新性；企业管理的新构图——基于复杂科学管理的视野；基于双向闭环思维的复杂科学管理方法集研究；企业 IT 服务管理能力评价与优化模型；基于物联网的设施果业智能管控系统与示范工程；未来十年的管理学：改写管理学的主要动因分析。

图书在版编目（CIP）数据

复杂科学管理. 第 1 辑 / 徐绪松，陈劲主编. —北京：科学出版社，2020.3

ISBN 978-7-03-062863-3

Ⅰ. ①复… Ⅱ. ①徐… ②陈… Ⅲ. ①科学管理 Ⅳ. ①C931

中国版本图书馆 CIP 数据核字（2019）第 242536 号

责任编辑：陈会迎 / 责任校对：贾娜娜

责任印制：霍 兵 / 封面设计：无极书装

科学出版社 出版

北京东黄城根北街 16 号

邮政编码：100717

http://www.sciencep.com

三河市骏杰印刷有限公司 印刷

科学出版社发行 各地新华书店经销

*

2020 年 3 月第 一 版 开本：787×1092 1/16

2020 年 3 月第一次印刷 印张：6 3/4

字数：160 000

定价：86.00 元

（如有印装质量问题，我社负责调换）

编 委 会

前　言

著名国学大师陈寅恪先生曾经指出："一时代之学术，必有其新材料与新问题。取用此材料，以研求问题，则为此时代学术之新潮流。"当今世界正在发生深刻复杂的变化，面临"百年未有之大变局"。

一方面，经济全球化趋势不可逆转；另一方面，保护主义、单边主义盛行。

一方面，互联网的应用发展使全世界变为一个互联互通的地球村，移动支付使人类生活更便捷；另一方面，网络安全治理成为摆在各国面前的一道难题。

一方面，大数据成为支持社会治理科学决策和准确预判的有力手段；另一方面，大数据时代数据本身安全以及企业商业秘密、个人隐私泄露等面临严峻挑战。

一方面，人工智能技术日渐发展成熟，AlphaGo 首次战胜了围棋世界冠军，智能服务机器人广泛运用、"机器换人"正在加速推进；另一方面，智能机器人是否会彻底超越人类、取代人类、伤害人类成为亟待解答的课题。

一方面，基因编辑技术为治愈艾滋病等疾病、培育新型健康食物、复活猛犸象等古老生物带来了希望；另一方面，"基因编辑婴儿"等挑战了人类伦理道德。

……

在这个大发展、大变革、大调整的时代，新问题层出不穷，新材料、新手段、新技术不断涌现，这一切都呼唤着新理论、新学说。任何一种单一的、片面的、静止的、僵化的管理学理论都无助于解决时代的难题。正是洞察于斯，徐绪松教授于 2003 年创立了"复杂科学管理"学说。复杂科学管理学说是一个"18151"知识体系，包括：1 个假设；8 个基本原理；1 个思维模式；5 个基本理论；1 个方法论。复杂科学管理学说的提出，给传统的管理和管理学带来了一个转变和四个变革。一个转变是研究对象的转变——复杂科学管理的研究对象是研究有人的行为介于其中的社会层面上的复杂系统。四个变革是：思维模式的变革——将分割式思维模式转变为系统思维模式。管理方式的变革——将以控制为主的管理方式转变为以激励为主的管理方式。观念的变革——将单一的创新转变为创新与和谐。将注重组织个体的发展转变为注重更大范围的组织和环境的发展及其和谐；将注重有形资源、当前价值转变为注重无形资源、潜在价值。研究方法的变革——将单一的定性分析，或单一的定量计算，转变为定性定量结合（以问题为导向在充分定性分析的基础上进行定量计算）。可以用八组关键词概括复杂科学管理思想的深刻内涵：创新与和谐；科学和艺术；系统思维；以激励为主；跨界整合；无形资源；潜在价值；定性定量结合。

经过近20年的“筚路蓝缕，以启山林；跋山涉水，以辟疆土”，复杂科学管理理论迎来了枝繁叶茂、开花结果的春天！以其前瞻性、科学性、时代性得到了学术界、企业界的广泛认同、参与和实践。

徐绪松教授不仅出版了《复杂科学管理》专著（科学出版社，2010年版），发表了30余篇专题学术论文，还培养、指导博士生完成复杂科学管理理论与实践研究的博士学位论文10余篇；应邀到国内外60多所高校讲学、20余家企业做报告，广泛播撒复杂科学管理理论的种子；2010~2019年连续举办了九届复杂科学管理国际研讨会，国内70余所高校及8个国家、10多所大学的中外专家齐聚一堂，在管理学界享有较高的美誉和人气；在徐绪松教授的学生和一些学者的共同推动下设立了“徐绪松复杂科学管理奖”，奖励复杂科学管理领域的优秀成果，大力推动了复杂科学管理的研究。

陈劲教授在创新领域的研究与徐绪松教授的复杂科学管理思想不谋而合，陈劲教授先后提出了自主创新、开放式创新、协同创新、整合式创新等理论与复杂科学管理理论一脉相承。还有众多学者在不同的地方、不同的时间，从不同的角度研究有人的行为介于其中的社会层面上的复杂系统，使复杂科学管理——我们国家的原创性理论根深叶茂！

为了进一步发展中国原创性理论，应对新时期的挑战，中国技术经济学会复杂科学管理分会于2017年12月在京成立，从事复杂科学管理的学者从此有了自己的组织和归依。由分会倡导举办复杂科学管理高级培训班，传播复杂科学管理，培养复杂科学管理人才；继续举办复杂科学管理国际研讨会，进一步扩展它的影响力，出成果、出人才，为管理实践服务。

今天，《复杂科学管理》应运而生，为复杂科学管理学术研究、探讨提供了一个新的阵地，为学术交流搭建了一个新的平台，我们十分振奋。

习近平总书记在全国宣传思想工作会议上强调：“坚持马克思主义在我国哲学社会科学领域的指导地位，建设具有中国特色、中国风格、中国气派的哲学社会科学。”①习近平总书记看望参加全国政协十三届二次会议的文化艺术界、社会科学界委员时的重要讲话指出：“哲学社会科学研究要立足中国特色社会主义伟大实践，提出具有自主性、独创性的理论观点。”②习近平总书记的讲话使我们更加明确并坚定了复杂科学管理今后研究、探索、创新的方向和目标。

《复杂科学管理》将为国内外有志于复杂科学管理研究的同仁们提供一个学术交流和探索的平台，帮助各位学者在理论创新上开疆拓土、为中国的创新发展和伟大复兴建言献策；将凝聚一批志同道合的有识之士，共同为管理学研究做出无愧于时代、无愧于人民的贡献！将让我们国家自己创立的原创性理论——复杂科学管理驶上发展的快车道，为社会进步、国家昌盛、学术繁荣、学科发展做出新的贡献！

《复杂科学管理》的诞生是时代的呼唤！《复杂科学管理》强调思想性、探索性和创造性。我们欢迎一切探讨以社会层面上的复杂系统为研究对象的管理理论、方法与应用的有价值的

① http://jhsjk.people.cn/article/30245212。

② http://jhsjk.people.cn/article/31030863。

论文，拒绝东施效颦、无病呻吟、弄虚作假的低劣之作。我们提倡开放包容、严谨务实、实事求是的学风，反对一叶障目不见森林，反对闭门造车脱离实际，反对宗派之见无谓纷争……

《复杂科学管理》召唤众多有思想、有情怀的作者和读者，一起进入复杂科学的学科领域，在复杂科学管理的道路上激荡思想、携手攀登前行！愿集众人之慧，扬百家之长！愿园土丰沃，果实累累！

徐绪松　陈劲

2019 年 10 月

目录 CONTENTS

复杂科学管理的创新性

徐绪松

（武汉大学 经济与管理学院，武汉 430072）

摘要：顺应新时代的管理学新学说——复杂科学管理（complexity science management，CSM）具有八个方面的创新：观念的创新——提出管理是科学（方法）与艺术（智慧、人文、精神、人格、格局）的结合；思维的创新——提出系统思维、跨界思维、逆向思维、结构化思维和多维度思维；假设的创新——提出组织是一个能系统思维的大脑的假设以及复杂智能人的假设；理念的创新——提出以激励为主、重视无形资源与潜在价值、注重整体效用、创新与和谐、三个和谐（即人与大自然的和谐、人与人之间的和谐、现代人与后代人之间的和谐）等新理念；理论的创新——提出五个基本理论，即 CSM 整合论、CSM 整体观论、CSM 新资源观论、CSM 互动论、CSM 无序-有序论；方法论的创新——提出定性定量结合的方法论；工具的创新——提出三个定性分析工具，即探索图、循环图和结构图；实验计算的创新——提出三种选择行为研究的计算实验研究范式。

关键词：复杂科学管理；学说；创新性

21 世纪，人类社会面临着新的时代特征，即全球化、知识化、复杂性、临界性、和谐性。新时代、新特征、新机遇、新挑战，呼唤着管理学的新理论、新思想、新学说、新方法。

复杂科学管理针对全球化特征提出：改变思维模式。21 世纪，人类已经进入全球化的时代，彼此依赖程度越来越深，互动越来越频繁，这就要求我们不能用分割式思维模式分析问题、解决问题。要改变思维模式——由分割式思维转变为系统思维。

复杂科学管理针对知识化特征提出：改变管理方式。21 世纪，知识经济的时代，管理对象已经由普通员工变为知识型员工，我们称为复杂智能人。员工的工作方式已经由手工、机械化转变为计算机、网络。这就要求我们不能从单一的因果角度对复杂的世界、复杂的对象做还原论和确定论的思考；不要、不能只是强制性的管理。要改变管理方式——由控制转为激励。

作者简介：徐绪松（1945—），女，湖北武汉人，武汉大学经济与管理学院教授，博士生导师，研究方向：复杂科学管理。

复杂科学管理针对复杂性特征提出：挑战传统的管理理论和方法论。复杂特征包括人的不确定行为产生的复杂性；管理系统中各子系统交互作用所产生的管理系统的复杂性；管理系统资源的多样性、异构性及非线性产生的复杂性；等等。以还原论（reductionism）为基础的经典的管理理论与方法（包括传统的资源观理论）难以处理这些问题。必须挑战传统的管理理论和方法论。

复杂科学管理针对临界性特征提出：需要新的方法论。相变与对称性破缺特性是管理系统经常面临的现象，对管理系统的决策具有很大的作用。相变与对称性破缺特性使得决策者能够在管理系统的创新区域中，以最少的付出获得最大程度的效应，同时还能保证系统稳定、健康地发展。然而，这其中存在一个临界点，处于临界状态的管理系统具有很强的创新性，这才是系统发展的根本动力。但是也具有很强的不稳定性，包含危机，这种危机可能使得管理系统崩溃。确定临界点是关键，管理需要新的方法论。

复杂科学管理针对和谐性特征提出：管理需要新的理论。21 世纪，气候变暖正在加速，这个世界不能还像往常一样的运作，否则地球的温度就会有 50%的可能上升 4~5℃，这就需要和谐——人与自然的和谐、人与人的和谐、现代人和后代人的和谐。和谐性是 21 世纪面临的新问题，管理需要新的理论。

复杂科学管理认为管理当前需要解决的问题包括：思维模式；管理方式；创新与和谐；考虑人的行为。复杂科学管理认为管理科学当前需要解决的问题包括：不确定性；非线性；动态性；复杂性；临界性。

复杂科学管理解决问题的思路如图 1 所示。

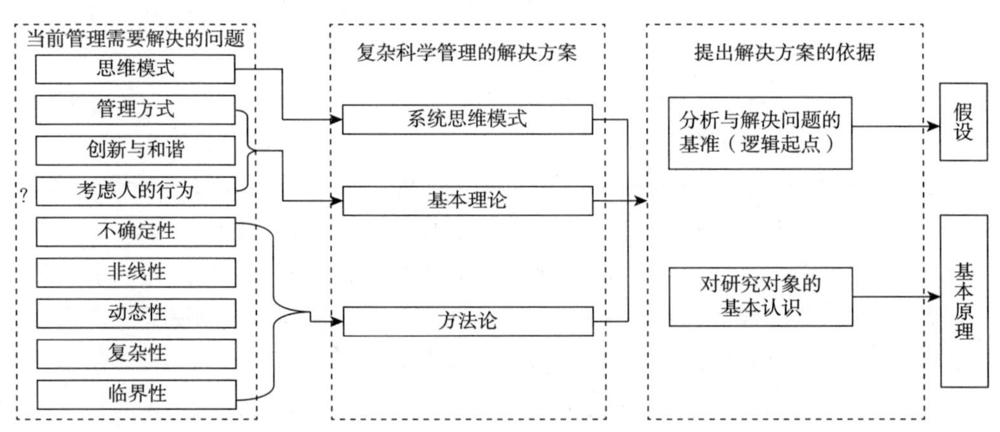

图 1 复杂科学管理解决问题的思路

转变思维模式、改变管理方式、实现创新与和谐，复杂科学管理提出 1 个思维模式——CSM 系统思维模式。考虑人的行为，改变管理方式，实现创新与和谐，复杂科学管理提出 5 个基本理论。考虑人的行为，研究管理中的不确定性、非线性、动态性、复杂性、临界性，复杂科学管理提出 1 个方法论。分析问题、解决问题是需要有一个基准的，复杂科学管理提出 1 个假设。提出理论与方法论的依据是对管理对象的基本认识，即对管理过程中发生的各种关系的认识，复杂科学管理提出 8 个基本原理。这就是复杂科学管理的“18151”体系。

复杂科学管理的“18151”体系给出了管理学的研究范式：提出一个管理问题→经过充分的定性分析（应用系统思维、结构化思维、逆向思维、多元化思维及定性分析工具）找到解决方案→解决这个问题需要什么数据［包括结构化的（通常是数值的）和非结构化的（通常是非数值的，如文本、图像、表情、声音，甚至视频等）数据］→如何获取数据（包括采用社会科学方法、自然科学方法及其结合的方法获取数据）→怎样进行数据处理（包括模型的构建、定量计算策略、大数据分析方法、计算实验方法、深度学习算法、智能计算等）→研究结论（包括提出的那个问题的研究结论及方法的创新、理论的创新、学术的贡献等）。

复杂科学管理学说的“18151”体系，对传统的管理和管理学有了一个转变和四个变革。

一个转变是研究对象的转变：复杂科学管理的研究对象是研究有人的行为介于其中的社会层面上的复杂系统。

四个变革是：思维模式的变革——将分割式思维模式转变为系统思维模式。管理方式的变革——将以控制为主的管理方式转变为以激励为主的管理方式。观念的变革——将单一的创新转变为创新与和谐；将注重组织个体的发展转变为注重更大范围的组织和环境的发展及其和谐；将注重有形资源、当前价值转变为注重无形资源、潜在价值。研究方法的变革——将单一的定性分析，或单一的定量计算，转变为定性定量结合（以问题为导向，在充分定性分析的基础上进行定量计算）。复杂科学管理的四个变革见图 2。

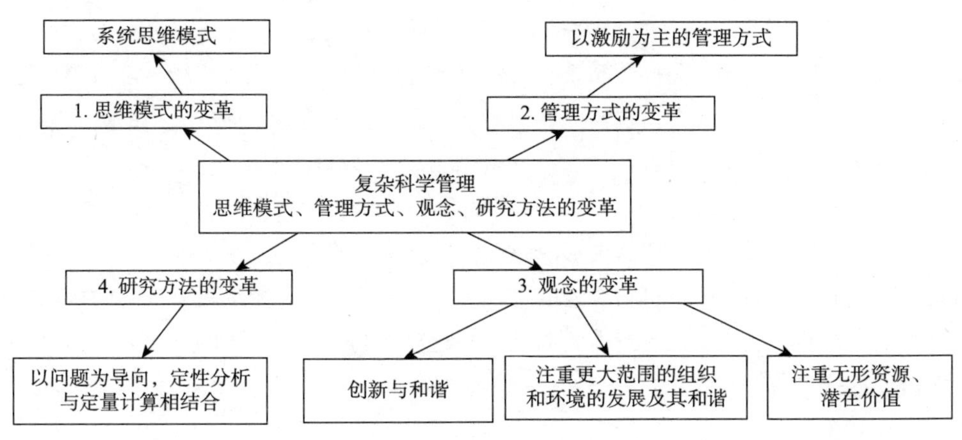

图 2　复杂科学管理的四个变革

复杂科学管理的“18151”体系[1]回答了当前管理和管理科学需要解决的问题：①管理应该采用什么样的思维模式；②管理应该采用什么样的管理方式；③如何研究管理中的复杂性、不确定性、非线性、动态性、临界性；④如何研究人的行为；⑤如何创新并和谐。

复杂科学管理思想的深刻内涵可以用八组关键词概括，即创新与和谐、科学和艺术、系统思维、以激励为主、跨界整合、无形资源、潜在价值、定性定量结合。

复杂科学管理是一门属于管理学门类，融管理学、经济学、计算机科学、应用数学、复杂性科学、系统科学等学科为一体的创新学说，其创新性表现在新观念、新思维、新假设、新理念、新理论、新方法论、新工具、新实验计算。

本文将从八个方面论述复杂科学管理的创新性。

1 复杂科学管理的创新性之一——新观念

复杂科学管理认为管理是科学（方法）与艺术（智慧、人文、精神、人格、格局）的结合，包括五个方面。

（1）崇尚科学。复杂科学管理提倡用科学的方法，定性定量结合的方法，获得组织发展的科学依据，做出正确的决策；找到企业成长的科学良方，这将使得企业家在管理企业时，大大降低管理风险。

（2）智慧。复杂科学管理提出组织应该是一个智慧型组织，包括：组织的本质是能力；组织的使命是为公共利益服务；组织的管理方式是创造艺术的环境；组织的思维方式是在与外部环境互动中发展。

（3）哲学信仰和人文精神。复杂科学管理融入了创立者的哲学信仰和人文精神，将企业家、组织领导者对管理行为的认识上升到哲学与文化高度。指出管理要重视人、尊重人、关心人、爱护人。哲学信仰和人文精神是管理的灵魂。

（4）人格。人是具有独立的人格的，任何一个人，都会表现出一种独特的行为模式、思维模式，包括性格、气质、品德、品质、信仰、良心以及由此形成的尊严、魅力等。复杂科学管理认为管理就是要使得个体在与外界沟通中，发生生物效应，促成人格的形成，从“本我”到“自我”到“超我”，从而形成组织具有吸引人的力量。

（5）格局。世间的万物都不是单体的，都需要有结构支撑，有这种支持才能产生力量。复杂科学管理认为组织或管理团队要形成一个群体结构，并在某一个时间段内，对局势、态势有正确的理解和把握，即对事物所处的时空方位及未来的变化程度具有准确的认知，对事物发展可能带来的功能的变化有清晰的洞见。在此基础上，站在整体的高度，用其眼光、胸襟、胆识，进行布局，做重要的事情，且把它做好。

2 复杂科学管理的创新性之二——新思维

复杂科学管理提出系统思维、跨界思维、逆向思维、结构化思维、多维度思维。

2.1 CSM 系统思维模式[1]

思维模式是管理决策的根本，是出发点，一切观察问题、研究问题、思考问题都来源于一种思维模式。

复杂科学管理针对当前的分割式思维模式，以及 21 世纪的时代特征——需要和谐，提出一个思维模式——CSM 系统思维模式。

CSM 系统思维模式赋予了复合总体认知的概念，包括四个方面的内容：①研究复杂问题的思考方法——系统思考；②观察复杂问题的角度——环状看因果；③分析复杂问题的思维过程——结构化、模块化；④决策复杂问题的思维方式——逻辑思维与形象思维相结合的视觉思考。

CSM 系统思维模式见图 3。

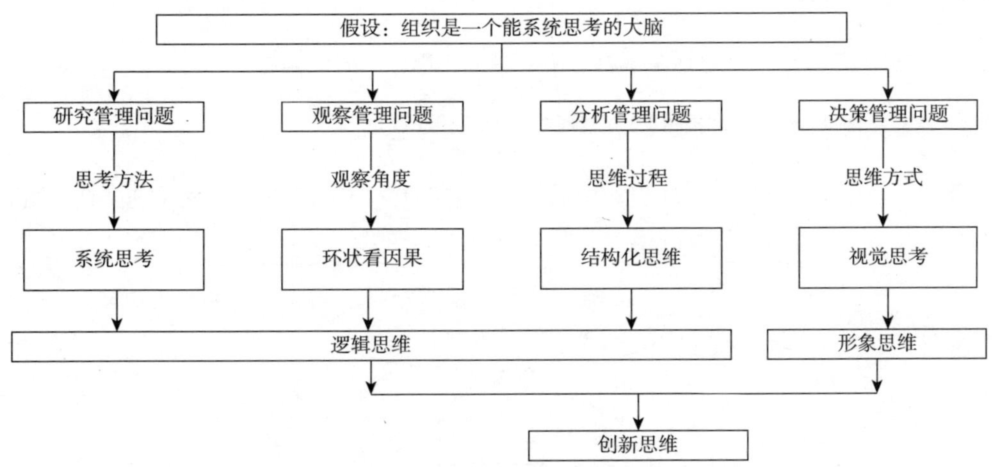

图 3　CSM 系统思维流程图

复杂科学管理的思维模式——CSM 系统思维模式是将逻辑思维与形象思维碰撞，产生创新思维，是以新颖独创的方法解决问题的思维过程。它突破了常规思维的界限，以超常规甚至反常规的方法、视角去思考问题，提出与众不同的解决方案，从而产生新颖的、独创的、具有明显社会意义的思维成果。

CSM 系统思维模式对传统的管理和管理学有四个改变。

（1）改变了传统的分割式思维模式——各个组织只考虑自己。CSM 系统思维模式指出组织不能只站在一个点上思考问题，而是站在更高的站位、更大的空间思考问题（图 4）。

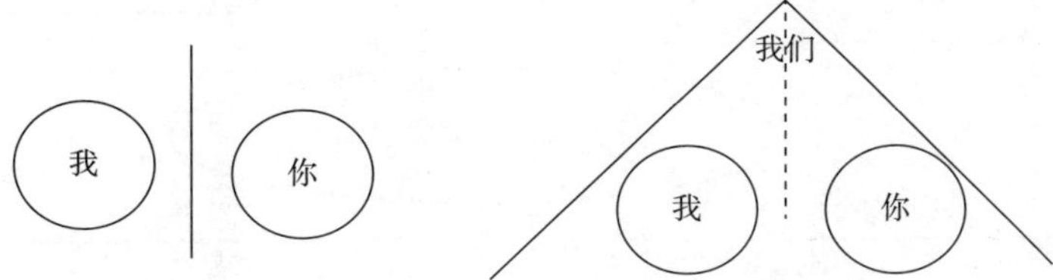

图 4　将注重组织个体的发展转变为注重更大范围的组织和环境的发展

（2）改变了传统的线性思维方式——由因到果。CSM 系统思维模式指出不仅仅是由因到果，而是果也影响因，互为因果、相互影响、彼此作用，是一个循环的回路。输出越多，输入越大。

（3）改变了传统的简单思维方式——喜欢看表面的价值，认为做得越多越好。CSM 系统思维模式指出把注意力集中到真正重要的事情上来，不是什么都做；不是去看表面的价值，而是去看潜在的价值，是从求和到求积的思想转变，是核心节点的凝聚价值性×平台的贡献性。

（4）改变了传统的惯性思维方式——原来是怎么做的，现在就怎么做。CSM 系统思维模式强调多元化的创造性思维。

2.2 跨界思维

CSM 提出跨界思维，包括跨学科思维、跨文化思维、多元思维。

2.2.1 跨学科思维——将自然科学与社会科学交融[1]

将自然科学与社会科学交融包括思维方式的融合（图 5），理论、方法论的融合（图 6）。

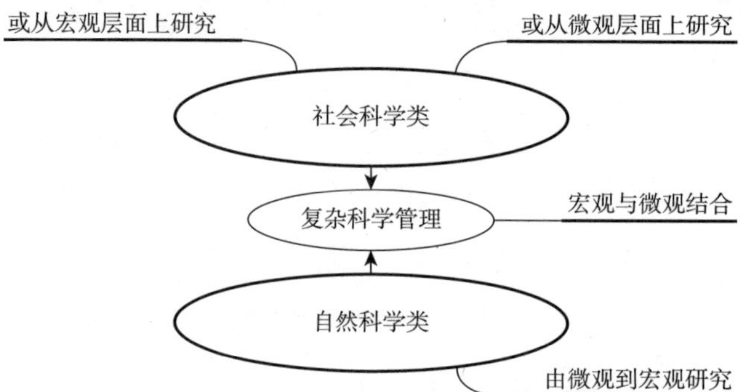

图 5 思维方式的融合

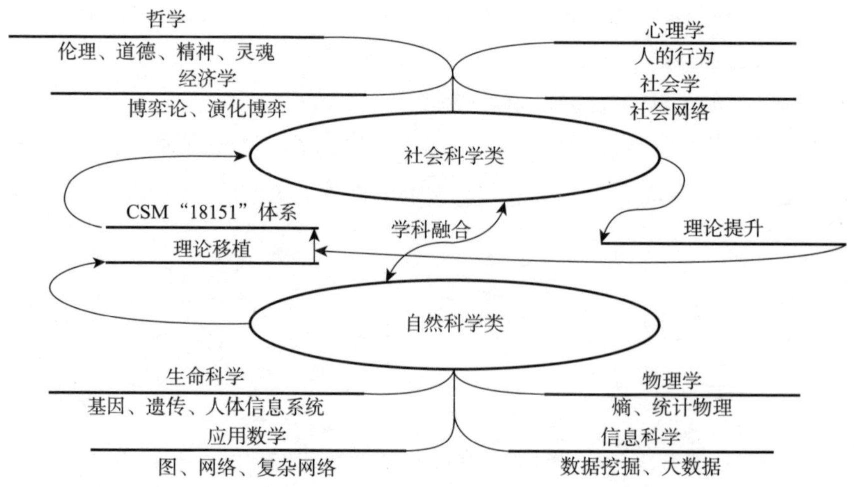

图 6 理论、方法论的融合

1）跨学科思维案例 1——CSM 无序-有序论的提出

跨学科思维案例 1 见图 7。

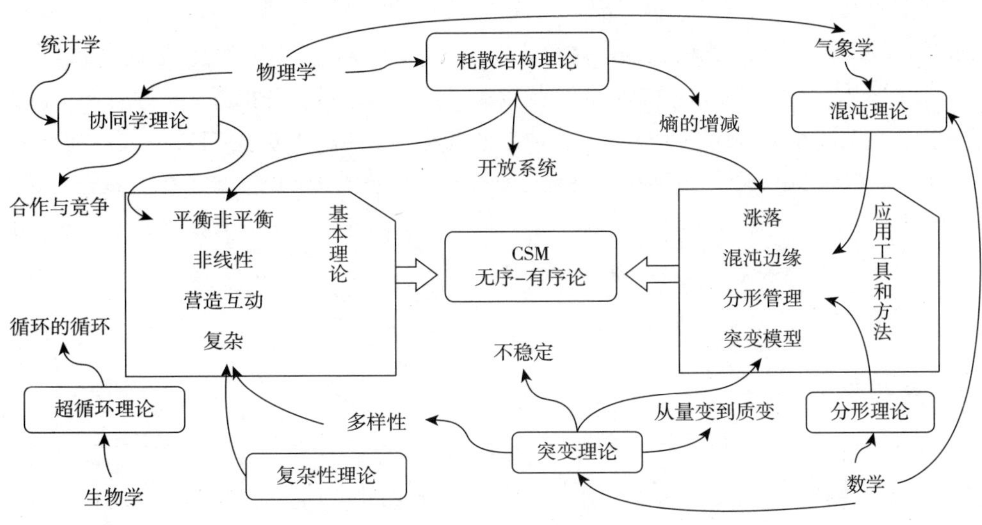

图 7 理论、方法论融合的案例：CSM 无序-有序论

2）跨学科思维案例 2——大数据是复杂科学管理的载体

大数据是复杂科学管理的载体（图 8），表现在大数据是 CSM 系统思维模式的承载者、支撑者（即运载工具）；大数据是 CSM 原理、理论的传播者、携带者，它传递、运载了 CSM 原理、理论（即运载工具）；大数据为复杂科学管理提出的原理、理论提供了论证工具（运载工具）；大数据为复杂科学管理研究人的行为，这样一个不确定性、非线性问题提供了研究方法。

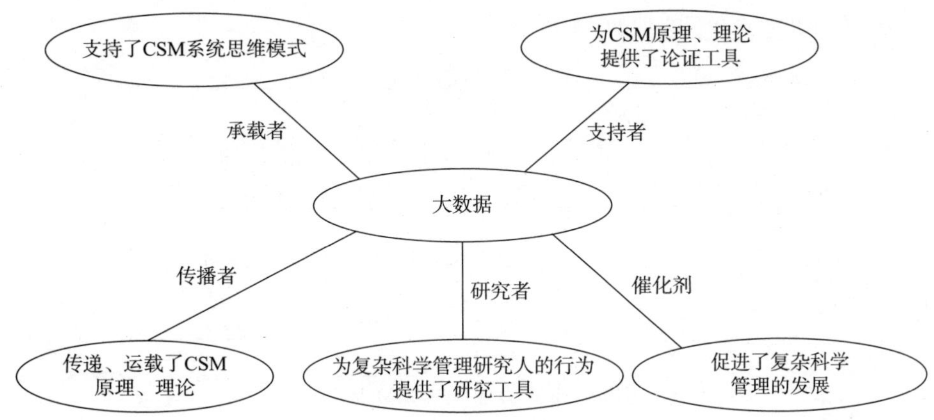

图 8 大数据：复杂科学管理的载体

2.2.2 跨文化思维——将东西方文化融合[1]

（1）融入东方文化的核心思想——“和”。21 世纪，在全球化的背景下，管理效率、管理效益和社会发展已经不能仅依靠西方文化所崇尚的个体能力、充分竞争了。而需要一个生态系统，以一种系统思想，强调组织中个体、自然、环境等的和谐。复杂科学管理融入了东方文化的核心思想——“和”，以实现管理效益、管理效率的提升和个人自我价值的实现。

（2）吸收西方学术文化精髓——科学分析方法。复杂科学管理全面吸收了西方以自然科学为基础的学术文化特征——强调解析、强调科学性、强调科学分析方法。在管理学研究中全面使用自然科学的各种研究方法，将管理学带入科学化的高速发展时期。

（3）东西方文化融合。复杂科学管理跨文化思维是将东方的“和”文化与西方“个体能力实现”的“独立”文化融合于管理中。既提出人与人的和谐、人与自然的和谐、现代人与后代人的和谐，又提出充分发挥个体的创造性，营造好的环境、好的氛围，使个体能力、创造性得以最大实现。

2.2.3 多元思维

复杂科学管理还将看起来似乎不相关的工作——教学、科研、人才培养、学科建设、社会实践融合在一起，进行多元思维。讲清楚知识创造者的智力活动，与学生互动；创造性地进行学术研究，不走别人走过的路；以激励为主的方式培养人才；通过整合资源搞好学科建设；用人文精神领导团队；在社会实践中了解社会、了解时代特征。进行这一系列的创新活动，并将这一系列的创新活动融合，提炼出复杂科学管理的理论。

2.3 逆向思维

逆向思维是复杂科学管理提出的从终极目标出发的一种思维方式。复杂科学管理的 CSM 整合论的整合过程，就是逆向思维的典型范例[1]。即复杂科学管理对系统内外各个要素的整合就是通过逆向思维的方式实现的（图 9）。

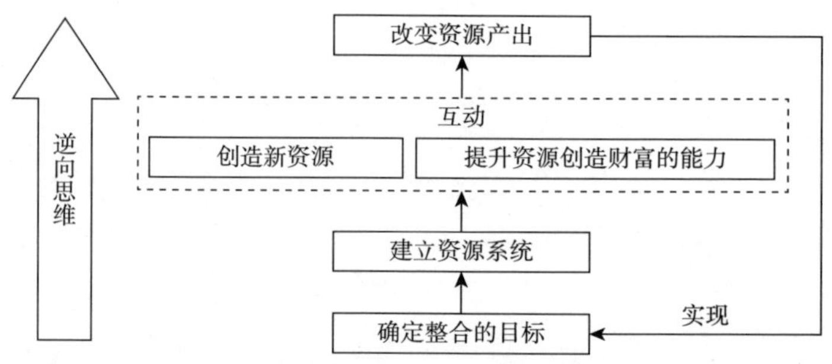

图 9　逆向思维下的 CSM 整合

2.4 结构化思维

对于复杂的问题、复杂的系统，可以将它们分割成一个个模块，并分析出它们之间的结构关系，这是一种结构化思维的思维方式。复杂科学管理提出了五个基本理论，它在提出五个基本理论的同时给出了一种思维方式——结构化思维[1]。

复杂科学管理认为：在正常情况下，组织需要获得利益，必须创新；在非正常情况下，组织遇到危机、突发事件，不应只是简单的恢复，而需要改革、创造、洞察机遇，也需要创新。创新的同时，还要注重和谐——人与大自然的和谐、人与人之间的和谐、现代人与后代人的和谐，即三个和谐。

复杂科学管理基于这个逻辑起点——创新与和谐，提出五个基本理论。

创新需要整合资源，复杂科学管理提出整合论——CSM 整合论。CSM 整合论指出整合即创新：创造新资源、改变资源创造财富的能力、改变资源的产出。

整合是需要有一个视角的，站在什么角度整合资源呢？必须站在整体的高度，从而提出复杂科学管理的整体观论——CSM 整体观论。CSM 整体观论指出不要站在一个点上考虑问题，应站在更大的空间考虑问题。

整合的基础是资源，那么怎样看待资源？哪些是资源？为此复杂科学管理提出新资源观论——CSM 新资源观论。CSM 新资源观论指出资源是创造财富的源泉，是促进经济增长的源泉，是为社会和人类谋求福利的源泉。CSM 新资源观论的资源包括有形资源和无形资源。

如何促进资源的整合，需要一种机制，那就是动力机制，于是复杂科学管理提出互动论——CSM 互动论。CSM 互动论指出各组成个体（简单的、复杂的）之间的相互作用（即互动），将使彼此及共同组成的系统发生改变。这种改变，即涌现——产生新的资源、行为和结构。

整合是要在一定状态下进行的，整合的状态是什么呢？有序—无序—新的有序，复杂科学管理提出无序-有序论——CSM 无序-有序论。CSM 无序-有序论指出组织处于无序状态最有活力，有序状态使活力持久。组织必须在无序和有序之间取得平衡，才能永续生存。

五个基本理论的提出是有逻辑的（图 10），它通过结构化思维提出。

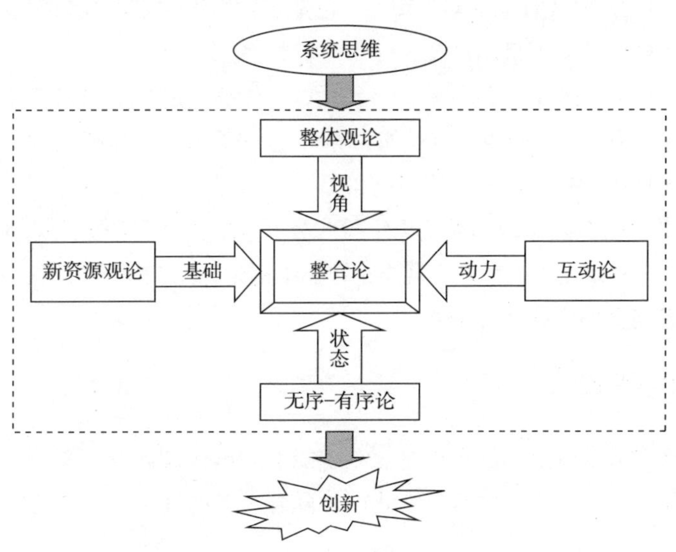

图 10　复杂科学管理五个基本理论之间的逻辑关系

2.5 多维度思维

研究复杂系统的管理问题，复杂科学管理提出一种多维度思维，复杂科学管理的 CSM 定性分析工具给出了多维度思维的思维方式。CSM 定性分析工具——探索图、循环图和结构图，是定性分析的研究工具，分别适用于概念关系的探索、价值链表达和模块化结构的表示。同时也是解决复杂决策问题的重要思维方式——多维度思维，包括视觉思考、环状看因果、结构化思维。其中，视觉思考是对于一些预先未知的、难以预测的决策问题，可以根据当前的状态，应用掌握的信息、储备的知识，以及充分的想象力，去推断未来；环状看因果是改变以往的、传统的有因就有果的线性看因果的思维方式，这种思维方式会提高组织、个人的价值；结构化思维——将复杂的问题，用结构化、模块化的方式进行描述，这种思维方式使得复杂的问题清晰化、关系明确化。

3 复杂科学管理的创新性之三——新假设

复杂科学管理对组织的认识：认为组织是一个能够系统思维的大脑。复杂科学管理对其研究对象中的基本要素——人的认识：认为人是复杂智能人。

3.1 逻辑起点——一个假设

复杂科学管理提出了 1 个逻辑起点，即关于组织的假设——组织是一个能系统思维的大脑[1]。

复杂科学管理认为现代组织最重要、最根本的一个特点就是它具有智能的特性，表现在现在组织具有三个层次的结构，即知识结构、能力结构和智能结构。

（1）知识结构。组织具有基本知识，主要包括显性知识与隐性知识，这些知识并非孤立存在，而是按照多样性与积木机制融合为一个有机整体。

（2）能力结构。组织具有挖掘知识的环境，以及能够应用基本知识解决复杂问题的能力（领导能力、执政能力、组织能力、市场能力等），这些能力也不是孤立的，它们之间形成一种有机的关系，即形成一种结构——能力结构。

（3）智能结构。组织能够应用系统思维模式整合组织内外资源更大范围解决问题。智能是一种思维方式、一种眼光、一种思想观念，智能结构是以系统思维为核心的，由思维方式、前瞻性眼光、思想观念形成的一种结构。

3.2 关于人的假设[1]

复杂科学管理对人的假设，提出人是复杂智能人，包括以下内涵：

第一，人的需求是多种多样的且是变化的，随着时代的进步、经济的发展、个人地位的升迁，其需求上升；

第二，人是具有智能的，个人的经验、智慧、思维会随着外界环境及个人的发展而增长与进化；

第三，人是有动机的，每个人都是在特定的“情景”中不断地设计个人目标，并应用其个人知识、智慧付诸行动，从而实现其目标。

4 复杂科学管理的创新性之四——新理念[1]

复杂科学管理提出以激励为主，重视无形资源、潜在价值，注重整体效用，创新与和谐，三个和谐等新理念。

4.1 以激励为主

在复杂智能人的假设下，在知识化的时代背景下，复杂科学管理提出以激励为主的管理方式。传统的管理是以控制为主的管理，扼杀了人们的天性——激情，导致了创新氛围的缺乏。人们的激情是创新的源泉，创新的氛围将激发组织或个体的创新行为。复杂科学管理还认为组织处于无序状态是最有活力的，可以点燃智慧的火花，可以产生多向思维。复杂科学管理的CSM无序-有序论指出：人类创造性活动的过程是从无序状态演变到有序状态的过程。当系统在接近无序的状态下有序运行时，适应力最强，使活力具有持久性。

4.2 重视无形资源、潜在价值

（1）重视无形资源。CSM 新资源观论指出资源不再只是有形的物质资源、自然资源，还应该包括制度资源、人力资源、知识资源、文化资源、心理资源等无形资源。CSM 新资源观论给出了资源新的定义：资源是创造财富的源泉；资源是经济增长的源泉；资源是为社会和人类谋求福利的源泉。CSM 新资源观论给出了七种无形资源：文化资源、社会资本资源、心理资本资源、结构资本资源、知识资本资源、企业家精神资源、思想观念资源。

（2）重视潜在价值。人的素质如同一座冰山，浮在水面的是资质、知识等显性素质，这些可以通过各种学历证书、专业考试来验证。潜在水下的是创新意识和创新态度等隐性素质。许多人在显性素质方面表现还可以，但在隐性素质方面没有进行深层次锤炼。如同冰山有八分之七存在于水底一样，一个人的价值的八分之七是隐性的，是他的潜在价值（图 11）。

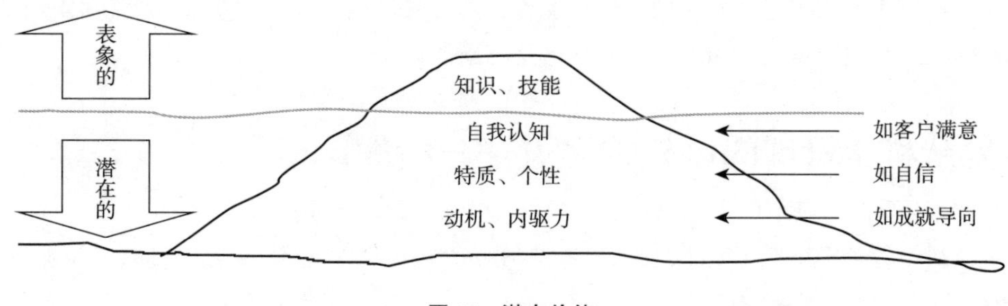

图 11 潜在价值

4.3 注重整体效用[1]

CSM 整体观论提出效用最大化定律。

效用最大化定律指出：站在整体的高度，将综合体（综合体由组织、组织的要素、组织的外延——环境，以及它们的结构和相互作用组成）中的各个元素进行最佳组合，在保证组织的贡献率与环境保护度的情况下，使组织实现整体效用最大化，即

$$W > \sum p_i$$

其中，W 为整体效用；p_i 为个体效用。

整体效用=组织效用+环境效用

其中，

组织效用=效益+效率=（经济效益+社会效益）+（投入/产出）

环境效用=组织的贡献率+环境保护度

其中，组织的贡献率包括经济的贡献——主要指对国家财政、税收的贡献；社会的贡献——给人类带来的健康、安全、和谐、幸福感。环境保护度是对环境污染程度和对生态的破坏程度的倒数。

4.4 三个和谐

复杂科学管理提出三个和谐——人与大自然的和谐、人与人之间的和谐、现代人与后代人之间的和谐。

人与大自然的和谐是新时代生态文明观的内在要求和客观反映，保护人类赖以生存的环境，保持生态平衡；人与人之间的和谐是提升人的素质、精神、文化，提高人民的幸福指数（包括健康、安全），让人民有获得感、幸福感；现代人与后代人之间的和谐是可持续的绿色发展理念，包括自然资源的保护、优秀文化的传承。

三个和谐是现代和将来的管理的出发点和归属。

4.5 创新与和谐

当前，创新出现一些问题。例如，一味创新，造成环境保护、食品安全问题；又如，创新复制，造成市场溢出、资源浪费问题；等等。因此复杂科学管理提出创新与和谐的理念，即创新的同时必须注重三个和谐，三个和谐是创新的导向。

5 复杂科学管理的创新性之五——新理论

复杂科学管理提出五个基本理论，即 CSM 整合论、CSM 整体观论、CSM 新资源观论、CSM 互动论、CSM 无序-有序论。

5.1 CSM 整合论[1]

5.1.1 整合的意义

整合的意义之一——创新（亦即整合的实质）（图 12）。其包括：改变已有资源，创造新资源；改变资源创造财富的能力；改变资源的产出。

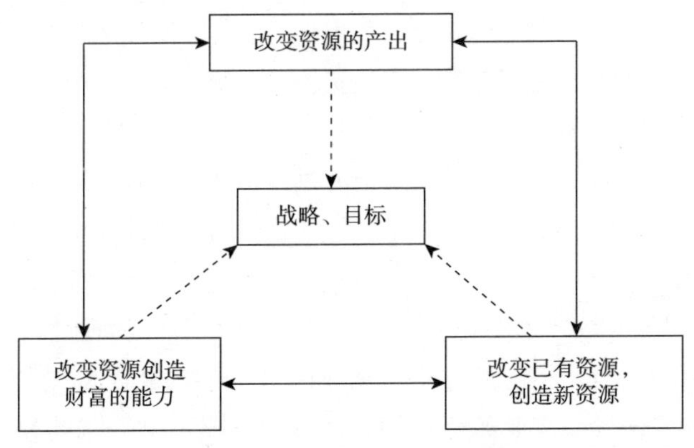

图 12　整合的意义之一——创新

整合的意义之二——资源价值的增值（亦即整合的规则）。整合是在价值链上的整合，最终目标是资源价值的增值。设 V 为整合的价值，R 为资源的投入，A 为资源创造财富的能力，O 为资源的产出，则 $V=R\times A\times O$。

整合的意义之三——整体涌现（亦即整合的本质特性）。将涌现一种部分不具有的新的性质，产生出系统整体具有而部分或部分总和所不具有的属性、特征、行为、功能等，如整体的形态、整体的特性、整体的行为、整体的状态、整体的功能、整体的机遇、整体的解决问题的途径等。

整合的本质特性是整体涌现性，即非还原性或非加和性，即整体具有还原为部分便不存在的特性，或把部分特性加和起来无法得到的特性。

5.1.2 CSM 整合论的内容

CSM 整合论包括 CSM 整合的思维方式——逆向思维、CSM 整合过程模型、整合价值的评价、CSM 整合网络模型及整合风险管理。

下面着重介绍 CSM 整合过程模型、整合价值的评价、CSM 整合网络模型。

（1）CSM 整合过程模型。CSM 整合过程模型描述了整合的过程。CSM 整合是在系统思维模式下，通过对一个系统资源的优化配置，使系统进入一个更优化的状态。“整”是过程，“整体观”是“整”的指导思想，“新资源”是“整”的源泉，“互动”是“整”的动力机制，“无序–有序”是对“整”这一过程中系统状态变化的描述；“合”是“整”的最终结果和目标。“整”是“合”的前提，“合”是“整”的结果；“整”是开始，“合”是相对、暂时的均衡。而“整”与“合”所产生的效应是“创新”——整体涌现性的具体体现，创新是CSM整合的最终目标。在CSM整合过程中，创新是通过改变已有资源、创造新资源，改变资源创造财富的能力，改变资源的产出三个途径来实现的。CSM整合的目的是通过对系统内外所有资源的优化配置使系统达到最优化，最终达到创新的目的。

（2）整合价值的评价。整合价值的评价是对CSM整合过程的价值进行评价，需要考虑系统内部以及系统外部的所有物质、资金、效用和信息的交换带来的系统价值的增加。CSM整合论是通过分别分析物质资源子系统、资金资源子系统、人力资源子系统和信息资源子系统等四个子系统的状况进行评价的。

物质资源子系统和资金资源子系统的价值通过设计计算公式计算获得；人力资源子系统的价值通过建立效用函数获得；信息资源子系统的价值通过构建评价体系，对其中的因素集与评语集计算获得。

（3）CSM整合网络模型。CSM整合过程涉及组织内外各种资源以及这些资源之间相互作用、相互影响、相互融合、相互博弈的关系，而一个组织内外资源的数量和种类是巨大的，从CSM整合过程本身来说，很难直接对其特征、状态和性质进行描述和说明。CSM整合借助于复杂性科学中的隐喻方法，应用网络模型研究CSM整合过程中组织的状态和组织的整合过程。

CSM整合网络模型包括：基于稳定性的CSM程式化整合；基于灵活性的CSM随机化整合；基于稳定-灵活性的CSM程式-随机化整合过程。

5.2 CSM整体观论[1]

5.2.1 CSM整体观论的意义

CSM整体观论的意义表现在：指出思考问题的角度是站在整体的高度；指出人与自然是一个整体，人与社会是一个整体，需要人—自然—社会和谐共生发展；综合体的效用是组织的出发点和归宿，综合体包括个体、组织和环境及其结构关系。

5.2.2 CSM整体观论的内容

（1）整体的概念。整体由时间和空间两个维度组成，在时间维度上，包括过去、现在、未来及效率和效益；在空间维度上，包括实体空间和想象空间。整体的概念超越了传统的整体的概念，即不只是有形的、物质的、物理的，还包括无形的、想象的、关系的、结构的。

（2）整体观的视角。整体观的视角是从时空两个维度观察问题、思考问题、研究问题，提出解决方案。整体是各组成部分的非线性函数：$W = F\left(p_0, p_1, \cdots, p_i\right)$。整体中各元素的功能、性质和行为，以及他们之间的结构、关系，都会影响到组织的功能、性质和行为，特别是初始状态。

（3）非加和定律。非加和定律指出系统的整体功能不再是以往那样是各组成要素功能的简单叠加，而是呈现出各部分（要素）所没有的新功能。或者是整体的功能大于各个部分功能之和；或者是整体的功能小于各个部分功能之和。

（4）效用最大化定律。效用最大化定律指出站在整体的高度，将综合体中的各个元素进行最佳组合，在保证组织的贡献率与环境保护度的情况下，使组织出现“放大效应”。CSM整体观论以追求整体“效用最大化”为目标。

5.3 CSM 新资源观论[1]

5.3.1 CSM 新资源观论的意义

复杂科学管理的 CSM 新资源观论从保护环境出发，给出了资源新的界定及新的资源观；指出资源不再只是有形的物质资源、自然资源，还应该包括制度资源、人力资源、知识资源、文化资源、心理资源等无形资源；指出资源是为社会和人类谋求福利的源泉。

5.3.2 CSM 新资源观论的内容

（1）CSM 新资源观论的资源观。CSM 新资源观论认为资源是创造财富的源泉；资源是经济增长的源泉；资源是为社会和人类谋求福利的源泉。

（2）CSM 新资源观论的资源特性。CSM 新资源观论的资源特性包括：资源可创造性、资源价值性、资源系统性、资源基因性。

5.3.3 CSM 新资源观论的资源

CSM 新资源观论的资源包括有形资源和无形资源。无形资源包括：制度资源、文化资源、社会资本资源、购买力资源、心理资本资源、结构资本资源、知识资本资源、企业家精神资源、思想观念资源（图 13）。

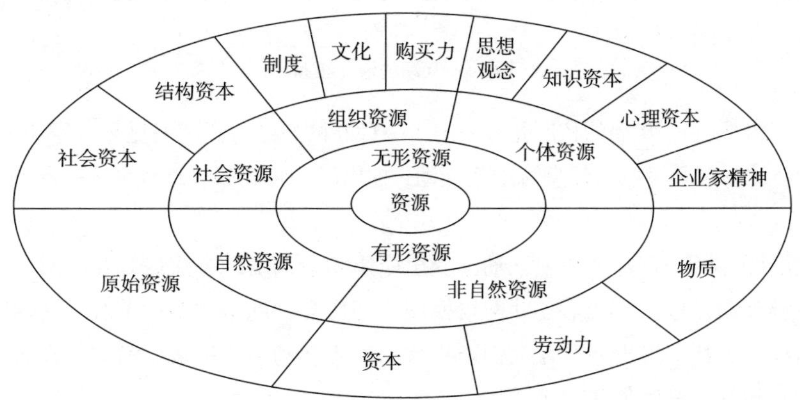

图 13　CSM 新资源观论的资源

5.4 CSM 互动论[1]

5.4.1 CSM 互动论的意义

CSM 互动论指出系统中的各个个体间是相互影响、相互作用、相互进化的。个体之间的互动，导致个体和系统出现新质（独立要素所不曾有的，主要指未曾有过的结构或其个体都不曾具有的特性），即涌现。

5.4.2 CSM 互动论的内容

CSM 互动论包括互动的演化模型、互动的核心、互动的网络模型。

（1）互动的演化模型。互动的演化模型如图 14 所示。

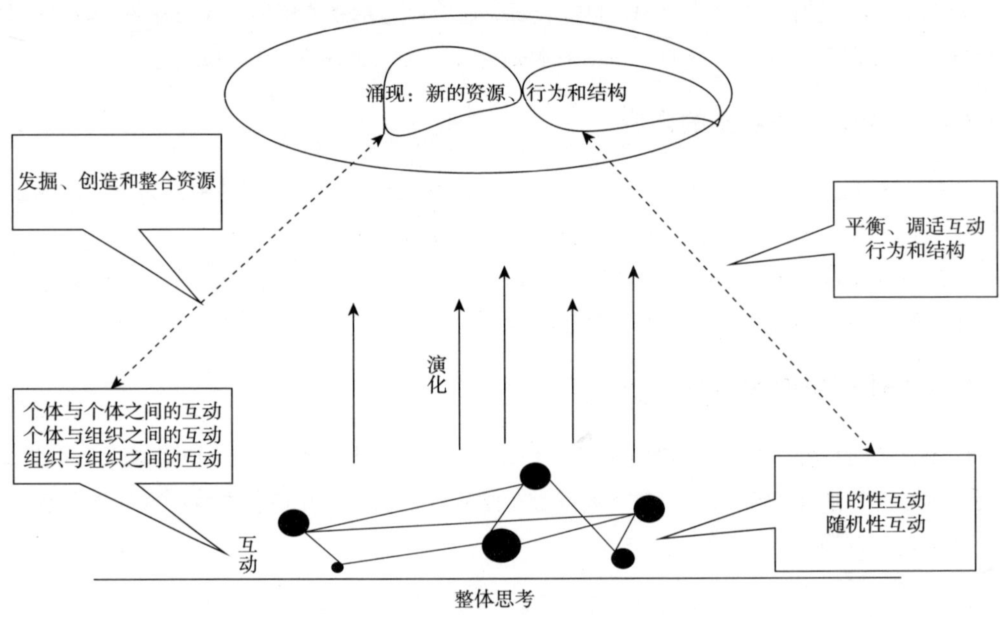

图 14　互动的演化模型

（2）互动的核心。互动的核心是：提出了一种新的思维方式——循环看因果的循环思维；提出了一种新的管理手段——信息流维系互动；提出了一种新的管理理念——动态协调，价值共同提升。

（3）互动的网络模型。CSM 互动论提出应用复杂网络的方法研究互动问题，用网络模型刻画了各种互动，包括：线形互动网络模型、环形互动网络模型、单级互动网络模型、多级互动网络模型。特别提出同质互动创新模型和异质互动创新扩散模型，分别研究了互动状态下同质创新问题和异质创新问题。

5.5 CSM 无序–有序论[1]

5.5.1 CSM 无序–有序论的意义

CSM 无序–有序论指出人类创造活动的过程是从无序状态演变到有序状态的过程；组织处于无序状态是最有活力的，可以点燃智慧的火花，可以产生多向思维；当系统在接近无序的状态下有序运行时，适应力最强，使活力具有持久性。

5.5.2 CSM 无序–有序论的内涵

下面从不同的视角指出 CSM 无序–有序论的内涵。从静态的视角，认为组织是无序与有序的统一；从动态的视角，指出无序与有序之间相互转化；从表现形式的视角，无序–有序指的是宏观层次的有序与微观层次的无序，宏观层次的有序是以微观层次的无序运动为基础的；从方法论的视角，认为无序–有序是直觉与领悟的整体把握，即观察组织的一种思维方式，意味着我们不仅要通过分析、还原的方式来认识问题，还应靠直觉与领悟进行整体的把握；从组织永续生存的视角，认为组织必须在无序和有序之间取得平衡。

CSM 无序–有序论的内涵归纳为以下几点：①任何一项决策始于无序状态，收于有序状态；②只有从无序到有序，组织中的个体才会为实现组织目标进行创新活动而不遗余力；③初始是最重要的；④无序–有序论不仅为我们重新描绘了一幅辩证统一的组织结构图景，还为我们重新描绘了组织演化的一般模式。

5.5.3 CSM 无序–有序论的内容

CSM 无序–有序论包括：CSM 无序–有序过程模型、CSM 无序–有序论的精髓、CSM 无序–有序状态的相互转化模式、基于 CSM 无序–有序论的组织创新。

（1）CSM 无序–有序过程模型。CSM 无序–有序过程模型如图 15 所示。

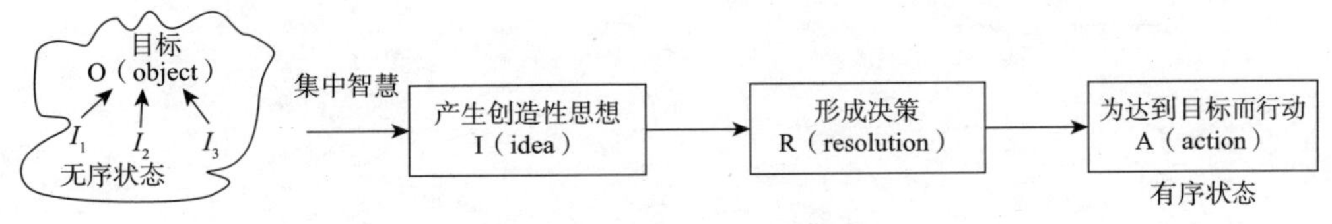

图 15 CSM 无序–有序过程模型

（2）CSM 无序–有序论的精髓。CSM 无序–有序论的精髓是促进创新。表现在：营造了一个创新氛围；让组织始于无序状态——出现新的思想、新的创造力；收于有序状态——在新的结构、秩序和规则中前进。使组织处在一种远离平衡态，在认识趋同模式的作用下，从问题过渡到答案；从不同观点过渡到一致观点；从个人的创造思维过渡到团队集体的创造思维；从抽象的概念演变成具体的行动；从快速的试验演变成高质量的结果。总之，将个人的创造思维、行为转变成为组织、团队集体的实施。

（3）CSM 无序–有序状态的相互转化模式。CSM 无序–有序论提出三种转化模式：从自发性无序状态到有序状态的模式；从突发性无序状态到有序状态的模式；从预设性无序状态到有序状态的模式。

模式一——从自发性无序状态到有序状态的模式见图 16。

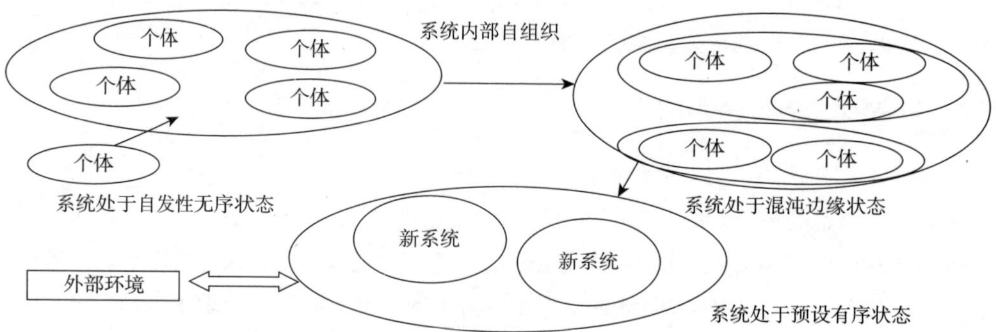

图 16　从自发性无序状态到有序状态的模式

模式二——从突发性无序状态到有序状态的模式见图 17。

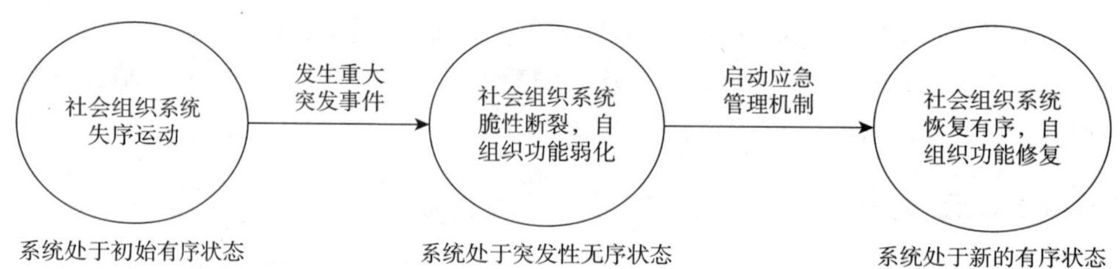

图 17　从突发性无序状态到有序状态的模式

模式三——从预设性无序状态到有序状态的模式见图 18。

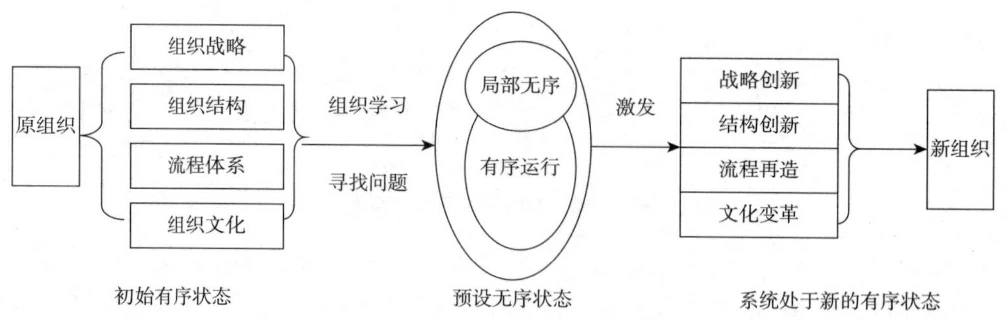

图 18　从预设性无序状态到有序状态的模式

（4）基于 CSM 无序–有序论的组织创新。组织创新就是组织从预设性无序到有序的过程。组织通过学习和寻找问题，对组织进化提出新的目标；激发个人智慧，形成个人的创造性思想、决策方案、行动规范；汇集个人的创造性思想，形成组织的创新思想。组织的创新思想使组织处于预设性无序状态，在预设性无序状态下，依据决策方案，进行组织战略、组织结构、流程体系、组织文化等方面的创新，形成组织创新。组织又进入了新的有序。基于 CSM 无序–有序论的组织创新模型如图 19 所示。

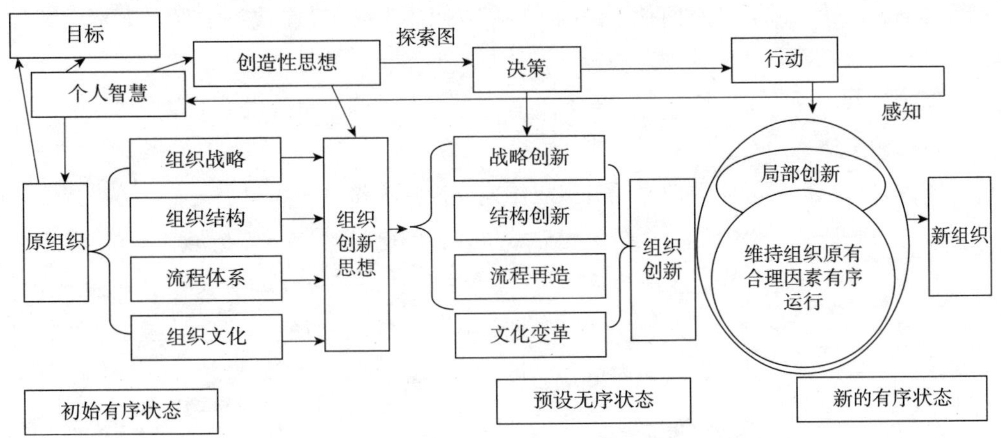

图 19 基于 CSM 无序–有序论的组织创新模型

组织创新包括突变型组织创新和渐变型组织创新。

6 复杂科学管理的创新性之六——新方法论[1]

复杂科学管理提出一个方法论—— CSM 方法论（定性定量结合的方法论）。定性定量结合的方法论是以问题为导向，通过定性分析建立系统总体及各子系统的概念模型，即系统模型；应用求解策略对定性或定量的子问题求解，得出定量的结论；应用定量结论进行定性归纳，形成解决问题的方案。

CSM 方法论的思想方法是：①定性分析与定量计算相结合。定性分析是通过“理解—解释”，来把握问题的整体的性质、类型和关系，即整体结构；定量分析是研究事物的量化特征（存在）或量变过程（发展），通过研究事物所具有的度，即事物保持自己质的限度和范围来把握事物的相对稳定的本质特征。②在进行定性分析时，微观分析与宏观整合相结合，科学推理与哲学思辨相结合，还原论与整体论相结合。③在进行定量计算时，确定性描述与不确定性描述相结合。

6.1 系统模型的概念

系统模型是对大型复杂的经济与管理问题进行描述的概念模型，它由定性定量因素组成，各因素之间互相联系，这种联系表现为定性定量互相影响，含有互动模式。系统模型具有如下特点：①系统模型的建立是一个定性分析的递推过程，其求解是一个定量计算的回溯过程；

②系统模型具有多层次结构，且上一层决策子问题的解决依靠下一层决策子问题的解决；③系统模型具有学习能力，即能与环境相互作用，通过学习、演化，适应环境的变化。

6.2 建立系统模型的系统方法

管理面临的决策问题具有两种不同的特性：以问题为导向，是决策过程；以目标为导向，是分析过程。管理面临的决策问题的分析方法具有两种不同的思维方式：自然思维和逆向思维。根据这两种不同的思维方式，复杂科学管理提出两种建立系统模型的系统方法：分割综合法和指标因素法。

分割综合法是以问题为导向，用自然思维建立反映决策过程的理论模型。分割综合法的思想：首先，对研究的对象进行充分的定性分析，将问题描述为决策过程；其次，依据决策过程，将决策问题分解为若干级别的子问题；最后，将各子问题的解答合成为原问题的解答。

指标因素法是以目标为导向，用逆向思维建立反映各种决策因素的理论模型。指标因素法的思想：从目标出发，确定影响因素和度量指标；自顶向下，逆向思维。

6.3 定性定量结合的理论框架

定性定量结合的理论框架包括：建立系统模型的系统方法——分割综合法、指标因素法；定性分析工具——探索图、循环图、结构图；定量分析策略——经典的、现代的、前沿的、行为研究的计算实验范式；定性定量结合的技术——文献计量法、交互式目标法、集合映射法、上下拉菜单法；实时控制的动态方法——状态函数变动法、规则变动法。

7 复杂科学管理的创新性之七——新工具

复杂科学管理提出了三个定性分析的工具，即探索图、循环图、结构图。

7.1 探索图[1]

（1）探索图是系统思维的工具。表现在：①探索图是采用 CSM 系统思维模式，通过对整个环境的观察，根据知识、掌握的信息，加上充分的想象力，用更大环境考虑问题的观点，创造出的一张图。②探索图展示了所有会影响或可能会影响研究主题的因素，它的形成是一个创造过程，甚至是集体创造的过程。③探索图是我们边思考、边分析、边想象、边讨论描绘出来的。它不是所有可能因素的堆积，而是这些因素的互动关系、层次关系的显现。④探索图体现了系统思维的整体化思考、结构化思维。

（2）探索图是视觉思考的工具。表现在：探索图以图画的思考方式（即视觉思考），将对现实世界的直观感觉与其智力理解连接在一起；将想象的创造力与直觉的技巧和分析能力整合在一起，帮助我们观察并了解我们面临的复杂问题。通过探索图，我们可以将理论、知识和想象力结合起来，从而鼓励了想象、创造。

（3）探索图是决策的工具。探索图可以帮助我们解决这样一类决策问题——预先未知的，如新产品开发决策、投资项目的评审决策、消费者决策等。

（4）探索图的特点。①探索图是创造出来的。它的创造过程是将逻辑思维与形象思维结合而形成创新思维的过程。②探索图是以图画为载体的视觉思考方式。即将对现实世界的直观感觉与其智力理解连接在一起；将想象的创造力与直觉的技巧和分析能力整合在一起；将理论、知识和想象力结合，帮助我们观察并了解复杂问题的视觉思考方式。③探索图是集体的智慧，是集体边思考、边分析、边想象、边讨论描绘出来的，是集体智慧的结晶。④探索图注重因素的互动关系。探索图不是所有可能因素的堆积，而是这些因素的互动、层次关系的显现。它体现了系统思维的整体化思考、结构化思维，同时也反映了因素的互动关系。

7.2 循环图[1]

（1）循环图是系统思维的工具。表现在：①循环图帮助我们解决如何从环状看因果。②循环图可以帮助我们解决这一类决策问题——如何找到互动关系，提高组织的竞争力；企业如何形成循环的价值链，进行增值活动；教师与学生如何形成循环互动，获得教学相长；等等。

（2）循环图的两种类型。

循环图Ⅰ——描述因果互动关系的工具。循环图Ⅰ将从一个更大的循环观察因果互动关系，体现从环状看因果。

循环图Ⅱ——除描述因果互动关系外，还描述变量之间的相关关系，是在循环图Ⅰ的基础上增加“S”形连接和“O”形连接，分别表示两变量之间正相关和负相关的关系。

7.3 结构图[1]

结构图有以下作用。

（1）结构图是结构化思维的工具。结构图帮助我们进行结构化思维。通过结构化思维将问题清晰地描述出来，使得能够结合目标，从整体的视角进行分析，找出因果互动关系，辨认哪些重要，哪些不重要，哪些应关注，哪些不必太重视。最后达到整合搭配的最佳平衡点。

（2）结构图可以用来支持决策。通过结构图，获得众多要素的结构关系，了解在组织中的地位，找到核心节点，支持决策。

（3）结构图可以解决决策问题。因为可以通过结构图，在众多要素（事情、备选方案）中，挑选出某些要素使整体达到最佳平衡点。

面对管理的复杂性、动态性、不确定性，对管理问题的研究，仅仅使用定量分析方法是不够的，因为为定量分析提供的历史数据及资料往往并不能够全方位描述组织所面临的问题，即使是大数据时代。在很多情况下，定性分析显得更为重要。复杂科学管理提出了三个定性分析的工具——探索图、循环图、结构图。这三个新工具不仅是定性分析的工具，也是一种新的思维方式。

8 复杂科学管理的创新性之八——新实验计算

复杂科学管理提出了三种选择行为研究的实验计算研究范式：范式Ⅰ——提出理论假设/模型进行实证；范式Ⅱ——提出理论假设/模型进行仿真实验；范式Ⅲ——在实证研究基础上提出理论结论。

8.1 选择行为研究的实验计算研究范式Ⅰ[2]

选择行为研究的实验计算研究范式Ⅰ如图 20 所示。

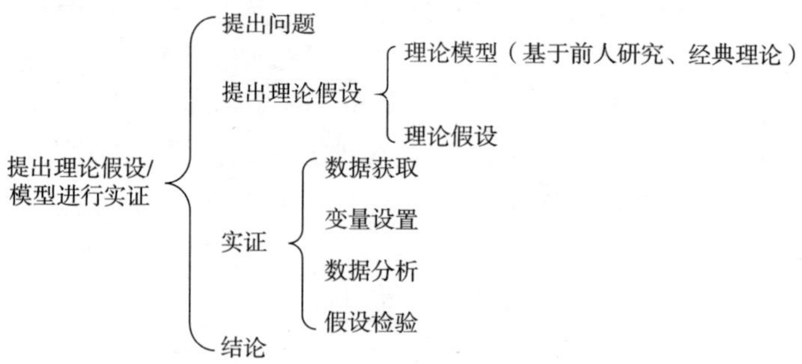

图 20 选择行为研究的实验计算研究范式Ⅰ

8.2 选择行为研究的实验计算研究范式Ⅱ[2]

选择行为研究的实验计算研究范式Ⅱ如图 21 所示。

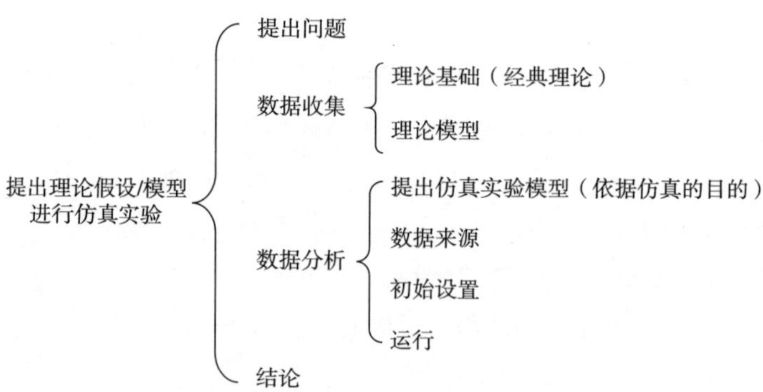

图 21 选择行为研究的实验计算研究范式Ⅱ

8.3 选择行为研究的实验计算研究范式Ⅲ[2]

选择行为研究的实验计算研究范式Ⅲ如图 22 所示。

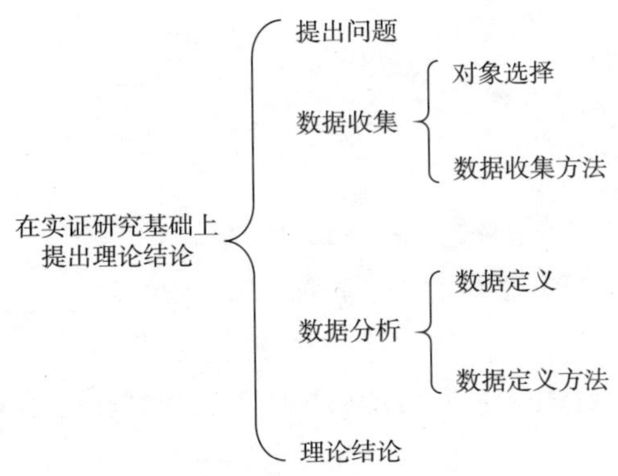

图 22 选择行为研究的实验计算研究范式Ⅲ

9 结语

面对全球化、知识化、复杂性、临界性、和谐性的时代特征，复杂科学管理对传统的管理学从观念、思维、假设、理念、理论、方法论、工具、实验计算八个方面进行了创新。观念的创新——复杂科学管理认为管理是科学（方法）与艺术（智慧、人文、精神、人格、格局）的结合；思维模式的创新——复杂科学管理提出了系统思维、跨界思维、逆向思维、结构化思维和多维度思维；假设的创新——复杂科学管理提出了一个假设，即组织是一个能系统思维的大脑的假设，并提出了复杂智能人的假设；理念的创新——复杂科学管理提出了以激励为主、重视无形资源与潜在价值、注重整体效用、创新与和谐、三个和谐（即人与大自然的和谐、人与人之间的和谐、现代人与后代人之间的和谐）的新理念；理论的创新——复杂科学管理提出了 CSM 整合论、CSM 整体观论、CSM 新资源观论、CSM 互动论、CSM 无序-有序论五个基本理论；方法论的创新——复杂科学管理提出了定性定量结合的方法论；工具的创新——复杂科学管理提出了探索图、循环图、结构图三个定性分析的工具；实验计算的创新——复杂科学管理提出了三种选择行为研究的实验计算研究范式：其中，范式Ⅰ提出理论假设/模型进行实证，范式Ⅱ提出理论假设/模型进行仿真实验，范式Ⅲ在实证研究基础上提出理论结论。

八个方面的创新是对传统的管理和管理学的研究对象的转变和四个变革。复杂科学管理的研究对象是研究有人的行为介于其中的社会层面上的复杂系统。四个变革是：思维模式的变革、管理方式的变革、观念的变革、研究方法的变革。

在这个纷繁复杂、变幻莫测的时代，任何学说、任何理论都不能墨守成规、故步自封。下一步，复杂科学管理将着力从时代萃取新素材、吸收新营养、充实新内涵、提升新高度、做出新贡献。

参考文献

[1] 徐绪松. 复杂科学管理[M]. 北京：科学出版社，2010.

[2] 郑湛，徐绪松. 选择行为研究的计算实验范式[J]. 技术经济，2018，（1）：84-92.

The Innovation of Complex Scientific Management

Xu Xusong

（Economics and Management School，Wuhan University，Wuhan 430072，China）

Abstract：In line with the new theory of management in the new era，complex scientific management has eight innovations which are as follows：innovation of ideas，that is the combination of science（method）and art（wisdom，humanity，spirit，personality，pattern）；innovation of thinking，that is the hypothesis of systematic thinking，cross-border thinking，reverse thinking，structured thinking and multi-dimensional thinking；innovation，that is the hypothesis that organization is a brain capable of systematic thinking and a complex intelligent person；the innovation of ideas，that is the new ideas of motivation，intangible assets and potential value，comprehensive utility，innovation and harmony，three harmony（namely harmony between man and nature，harmony between man and man，harmony between modern people and future generations）；innovation of the theory，that is five basic theories，namely CSM integration theory，CSM holism theory，CSM new resource theory，CSM interaction theory，CSM disorder-ordering theory；methodological innovation，that is the methodology of qualitative and quantitative combination；innovation of tool，that is the three qualitative analysis tools of exploratory graph，circular graph and structural graph；innovation of experimental calculation，that is three kinds of selective behavior research of computational experimental research paradigm.

Keywords：complex scientific management；theory；innovation

企业管理的新构图——基于复杂科学管理的视野*

陈劲

（1.清华大学 经济管理学院，北京 100084；2.清华大学技术创新研究中心，北京 100084）

摘要：新时代下，企业管理的核心关切已超越工业经济时代对“效率”与“控制”的追求，转而向知识经济时代创新管理与知识管理并重、有意义的管理与战略管理为引领的新构图迈进。以复杂科学管理为框架，新的企业管理理论体系有望在更深层次上对诸多主流管理思想进行整合，为企业决策者提供更系统、全面的管理决策模型，为政策制定者提供全新的政策制定逻辑与视野。

关键词：复杂科学管理；企业管理新构图；有意义的管理；战略管理新框架

管理是人类历史上最伟大的社会发明之一。通过管理活动，人类的各项事业得以顺利实现。随着经济的发展、科技的创新、社会的进步、更精细的分工和更大范围的协作，管理的重要性不断凸显。管理学是一门系统研究人类管理活动基本规律、基本理论和基本方法的学科，既有较深的理论深度，又强调与实践的紧密结合，在社会科学领域中占有极为重要的地位，任何组织，包括企业和非营利部门，都需要开展有效的管理工作，通过科学计划、合理组织、有效领导、适度控制、踊跃创新的过程，实现其既定的发展目标[1]。

1　工业经济时代与古典管理理论

工业经济时代所创立的管理学体系十分强调控制，将其视为核心职能之一。古典管理学的代表人物、“科学管理之父”——Taylor[2]首次将管理视为一门科学。他指出，建立各种明确的规定、条例、标准，使一切科学化、制度化是提高管理效能的关键，并且主张把计划职能从工人的工作内容中分离出来，由专业的计划部门去做，从事计划工作的人员被称为管理

---

*基金项目：全国哲学社会科学基金重大项目“建设世界科技创新强国的战略比较与实现路径研究”（17ZDA082）；国家自然科学基金委员会，广东省政府联合资助基金重点支持项目“建设创新生态系统下的广东经济结构调整和产业转型升级研究”（U1601217）。

作者简介：陈劲（1968—），男，浙江余姚人，清华大学经济管理学院教授、博士生导师，研究方向：创新管理。

者，负责执行计划的人员被称为劳动者。Taylor 的理论在当时收到了很好的效果，但也存在局限性。首先，Taylor 的思想主要是解决工人的操作、现场的监督和控制问题，管理的范围比较小，内容也比较窄，基本没有涉及组织的供应、财务、销售、人事等方面。此外，虽然 Taylor 的理论使生产过程的管理控制合理化，但把雇员和业务都排斥在决策过程之外。另一位古典管理理论的代表人物、管理过程学派的创始人、法国管理学家 Henry Fayol[3]则关注于高层管理理论，从而与 Taylor 关注生产效率的思想互为补充与完善。Fayol 聚焦于组织结构和管理原则的合理化，以及管理者职责分工的科学化，在科学管理的基础上，形成了质量管理和项目管理的成熟的管理模式，并强调基于文档与数据的管理体系。毫无疑问的是，控制可以带来效率。然而，控制就意味着自上而下的、强制性的管理，缺乏自下而上的反馈回路。

2 时代的变革与企业管理的新挑战

席卷全球的知识经济将继续对现代组织提出新的挑战。两代经典的管理体系——由 Harold Koontz[4，5]和 Robbins[6，7]所创造的——都是工业经济时代的产物，其主要目的是提升企业（尤其是工业企业）的运营效率和质量，并降低成本。因而，它们都是效率导向、崇尚资源、强调控制，其根本不足是对创新的忽视，以及相应对核心能力、知识管理、智力资本等概念的漠视[8]。在知识经济时代，知识型员工具有更高的素质，他们有自我管理与激励的意识和能力，过分严格的控制不仅显得多余，而且会约束员工的主观能动性。同时，知识型员工具有很强的创造力，严格控制将会阻塞他们对组织的创造性意见。在实施严格控制的大型工业公司中，员工很少了解组织内部的运行情况。在工业化世界里，工作方法和程序是由专家定义的，而且一旦定义，就不允许改变。不管员工有多大创造力，展露天赋的机会都被大大缩减[9]。

如今，科学与技术的革命此起彼伏，以信息产业为代表的高新技术产业的迅速发展，云计算、物联网（Internet of things，IoT）、超级计算机、社交网络、下一代移动通信等的出现，改变了组织营运的方式。知识经济使得产业的发展越来越快，商业模式到达顶峰的时间越来越短，产品的生命周期也在不断缩短。无论传统行业，抑或高新产业，技术创新成为企业生存与发展的唯一选择。全球化为组织的发展带来更大的不确定性、更多的机会与更大的挑战。同时“价值网”和“商业生态系统”对组织的发展越来越重要。竞争优势的获得不再仅仅依靠其单一产品的市场能力，而是依赖整个价值链或价值网络。在商业生态系统的背景下，企业不应一味追求战胜竞争对手，而应和竞争对手乃至整个商业生态系统共同演化。组织需要更高远的战略与商业模式设计。

当代社会发展也对组织管理提出新的要求。在工业经济时代，经济利润是企业的唯一追求，以至于对环境造成严重污染，自然资源被过度开采利用，违背商业伦理的事件频发。在知识经济时代，企业不再仅仅追求经济利益，越来越多地关注如何实现绿色发展来保护自然环境，如何提升自身的道德素质，以及如何开展有效的慈善事业来关爱社会。作为世界上最大的食品饮料公司，140 多年来，雀巢公司秉承先人的理念与原则，以人为本、以产品为重，站在世界营养、健康领域的前沿，全力了解世界各地消费者的需求，竭诚为处于人生不同阶段、有着不同生活方式和不同文化背景的消费者服务，满足他们对美味、营养、健康，以及对幸福生活的追求，为消费者的今天和未来带来“优质食品，美好生活”。简言之，从工业经济向知识经济的转变使企业社会责任变得尤为重要[1]。

以上种种现象都昭示着，当今世界变化如此快速，到处充满着矛盾、难题和不确定因素。与工业经济时代相比，组织更加复杂而难以管理。成本和效率并不能够保证企业的竞争优势，原有的以效率、成本、量化为导向的管理学体系在指导知识型社会的组织管理过程中显得并不适用。这些变化不仅要求管理者改进组织愿景、组织结构与组织文化，而且要系统地改进整个管理学体系及思考和组织工作的相关框架。

3 知识视角下的管理变革

在知识经济时代，创新将成为组织实现可持续发展的新方向。与体力型劳动相比，知识型劳动是看不见、摸不着的，其劳动强度和质量在很大程度上取决于人的自觉性和责任感。尤其是创造性的脑力劳动，目标确定、进度控制都比体力型劳动困难，成为管理者遇到的新难题。严格管理、加强监督的外部控制方法对工业经济时代的体力型员工是卓有成效的，但是对知识型员工就不再适用，反而可能会阻碍知识型员工的创造力。然而，创新与效率往往是难以两全的。在经典管理学体系的指引下，管理者追求效率的同时，已经在无形中扼杀了员工的创造力和企业的创新能力。创新需要的是自由、宽容和民主，而效率则要求员工时刻保持高度的一致性、严格性和紧迫性。传统的公司通常要求在日常运作中尽量杜绝懒散的现象、压缩流动资金。问题是，如果把组织的所有“闲暇”都排挤出去，创新也被排挤出了公司。创新需要时间——“做梦”的时间、思考的时间、学习的时间、创造的时间。创新需要不受干扰的时间、自由和思想驰骋。知识经济时代应该给予知识型员工足够的机会进行自我管理。管理者的角色应更多地转向领导者。更多的组织成员需要的是“母亲般的关爱”。唯有如此，各类组织才能不断迸发创新的活力。

Peter Drucker 认为，有伟大成就的人都善于自我管理。但是在传统的层级制的管理模式下，员工的自我管理意识和对工作的责任感正在逐步丧失。随着工业组织规模的扩大，员工与管理者之间的层级增多，隔阂也随之增加。简单来说，严格的控制剥夺了普通员工的创造力。今天，管理者应该更多地考虑关心员工、激励员工，创造适合的环境和条件，开发和利用员工的潜质和创造力，实现自身的尊严和价值，进而帮助和引导员工实现自我管理，而不应该要求员工完全按照全部设计好的方法和程序进行思考和行动。可以说，管理学大师

Drucker 是第三代管理学思想的鼻祖，他指出我们正在进入知识社会，管理学也应该随之进行变革。Drucker 认为，在知识型社会中，最基本的经济资源不再是资本、自然资源和劳动力，而应该是知识。虽然 Drucker 为我们打开了通向第三代管理学体系的大门，但是他的思想并没有被系统地整理出来[10]。

20 世纪 90 年代中后期，日本教授野中郁次郎（Ikujiro Nonaka）进一步发展了面向知识人的管理体系，野中郁次郎有“知识创造理论之父”和“知识管理的拓荒者”之称，在 *The Knowledge-creating Company：How Japanese Companies Create the Dynamics of Innovation*[11] 一书中，他提出了知识创造理论，以知识创造能力来诠释日本企业的成功，是该领域经典之作，于 1996 年成为美国出版商协会“年度最佳管理类书籍”。有别于其他学者将日本企业的成功归结为各种“日式管理”特色，野中郁次郎通过对索尼、松下、本田、佳能、日本电气和富士复印机等日本公司的创新案例研究，将其归结为组织的知识创造能力——能“有组织地”充分调动蕴藏在员工内心深处的个人知识。他以波兰尼的知识两分法为基础，从“显性知识”和“隐性知识”的关系入手，认为知识管理很重要的一个目标就是挖掘隐性知识，也就是让知识管理不只是对客观信息进行简单的“加工处理”，而是要发掘员工头脑中潜在的想法、直觉和灵感。野中郁次郎构建了知识创新的 SECI 模型[12，13]，即社会化（socialization）、外部化（externalization）、整合（combination）及内部化（internalization），他的观点目前已成为知识管理学的思想核心，特别是系统论述了隐性知识和显性知识之间的区别，为我们提供了一种利用知识创新的有效途径，他是知识管理领域文献引用率最高的学者，是最受西方管理界关注的来自亚洲的管理大师，更是继 Drucker 之后当今最杰出的管理学者之一。英国管理史学者 Morgen Witzel 认为，野中郁次郎对现代管理学的贡献主要体现在两个方面：第一，他是世界上知识管理领域最重要的思想家之一，他的论述几乎覆盖该领域的每个方面；第二，对于西方读者而言，他是日本管理方法及技巧最主要的解读者之一。

野中郁次郎认为，建立在西方传统哲学基础上的组织理论可以被归结为 Descartes（笛卡儿）式科学思维的产物，如 Taylor 的科学管理理论就是立足于用“科学”代替“经验常识”，Simon 的信息处理范式受到计算机和认知科学发展的影响，过分强调人类推理和组织决策过程的逻辑方面。他觉得，在这种科学理性视野下的组织，本质上是没有知识创造能力的“刺激—反应”式机器。他认为，企业并不是机械地处理来自周围环境中的信息，而是有意识地创造信息。在研究中，野中郁次郎发觉，现有的信息处理理论不足以解释企业的创新行为。因为除了信息处理，创新过程还包括知识的取得、创造、运用与保存等多项内容。更重要的是，野中郁次郎通过对许多创新者进行访谈发现，创新通常来自创新者个人的信念，这些信念通俗地讲就是他们对世界的看法，学界称之为心智模式。传统西方管理思想认为企业是信息处理的机器，唯一有用的信息是可以计量的数据。而野中郁次郎认为企业是知识创造的平台。“在一个只有不确定性能确定的经济环境中，持续竞争优势的一个确定性来源是知识。”知识创造理论从认知论和存在论两个维度进行阐述，包括 SECI 知识创造螺旋、创造知识的“场”（Ba）[13]和推动知识创造螺旋的组织方式。他构建的“承上启下”组织模式，从理论上阐释了企业中层管理人员的实践智慧在知识创造中的作用，而“超文本”组织结构则体现了东西方管理智慧的现代结合。

野中郁次郎运用东西方哲学智慧及日本式思考和模糊处理方法，在日本企业成功实践经验基础上建构的知识创造理论，以 SECI 模型为中心，将主观与客观、隐性知识与显性知识、直接经验与逻辑分析有机结合起来，形成了一系列知识管理领域的经典之作。他的知识创造理论强调“人是最重要的资产，知识是企业的战略性资产”，并以“以人为本”统领现代组织管理理论。在“知识人”视野下，企业管理的哲学、风格、制度等应进行更大的转变。首先，减少“控制”思想，倡导“支持与关爱”模式。今天，管理者应该更多地考虑关心、激励员工，创造适合的环境和条件，开发和利用员工的潜质与创造力，使其实现自身的尊严和价值，进而帮助和引导员工实现自我管理。这种管理模式还蕴藏着另一个重要理念——无论成功或失败皆有再挑战和激发勇气的精神，这是新时代企业管理的重心。

野中郁次郎还研究了知识如何向智慧演化，特别是引入了古希腊哲学家亚里士多德的实践智慧概念。根据亚里士多德的观点，实践智慧应该是一种审慎的、基于实际的、有道德的智慧，也是在特定背景下对共同利益做出最佳判断，更是一种高质量的隐性知识。实践智慧的提出，将超越组织发展的“经济目标”和量化管理，而把培养具有高度伦理价值的信仰、为人类发现贡献更多的善意作为重点，形成一个有使命感的组织。例如，本田宗一郎为本田公司提出的三个喜悦（制作的喜悦、销售的喜悦和购买的喜悦）理念、京瓷的稻盛和夫为企业制定的“敬天爱人”座右铭，这些都是实践智慧型领导力的经典事例。实践智慧的提出，也将进一步在 Drucker 的目标管理（management by object，MBO）基础上，将信念管理（management by belief，MBB）理念在企业管理实践中落地。信念管理强调组织发展更应关注调动员工的工作激情，激发企业的持续创新，推动个人自我价值与企业愿景的同步实现。

因此，中国各类组织的管理问题，一是组织效率不高，二是变革与创新不足。新一代管理学必须接受这种二元挑战。充分吸收前两代管理学在效率与控制方面的成功经验，积极探讨知识与创新在组织管理中的重要作用。复杂科学管理提出以整合论为核心的五个基本理论，即整合论、整体观、新资源观论、互动论、无序-有序论，对企业管理体系的优化给出了崭新的视野，提出了新的发展路径。

4 复杂科学管理与企业管理的新构图

在复杂科学管理的框架[14]下，企业管理必须整合科学管理和知识管理的优势。在全球经济竞争日益激烈的新时代，以“知识管理”的观点设计组织发展的哲学基础、运行体系、管理模式显得尤为关键。诚然企业管理主要需要依靠科学管理，但大数据和数字化转型也应成为中国企业管理的方向，基于 PDCA（plan-do-check-act，计划—执行—检查—处理）的质量管理和 IPD（integrated product development，集成产品开发）的项目管理仍然需要进一步发展。根据复杂科学管理的思想，组织更高度重视经济价值和社会责任并重、科学管理和人文精神同步的发展模式。在加强量化管理和标准化体系建设的同时，更加重视隐性知识的积累和共享，复杂科学管理的新资源观为此发挥了新的作用。

需要进一步指出的是，野中郁次郎认为隐性知识是难以表达的，带有较强直觉、洞察力和经验色彩的知识，如经验要素、技术要素（技术诀窍、技能和能力）、认知要素（分析能力、判断力、前瞻力）、情感要素（直觉、偏好、情绪）和信仰要素（价值观、人生观、目标倾向）等。新的知识管理将更多依赖愿景型领导、共情型领导，知识管理也将从传统的管理工具走向新管理思想的营造，特别是要用亚当·斯密（Adam Smith）的“道德情操论”而不仅仅是“国富论”来引领组织发展的未来，这也是符合复杂科学管理思想的。

4.1 复杂科学管理与战略管理

战略管理是企业管理的顶端。以 Michael Porter[15, 16]为代表的战略管理学者将研究的主要重心放在了竞争环境下对企业外部机会与威胁的分析上[17]，从而继承并发扬了 Ansoff 环境论的视角。以著名的“五力模型”（five forces model）[15]为代表，Porter 分析了能够为企业带来更高绩效的环境条件（environmental condition），即拥有更多的机会和更少的威胁的产业具备哪些结构特质。1991 年，以 Wernerfelt[18]的研究为基础，Barney[19]以企业资源为视角，发表了资源基础观（resource based view，RBV）的扛鼎之作“Firm resources and sustained competitive advantage”，提出企业资源分析的 VRIN 框架，认为有价值（value）、稀缺（rare）、不可模仿（inimitability）且不可替代（non-substitutability）的资源是塑造企业持续竞争优势的关键。作为资源基础在公司层面的体现[20]，Hamel 和 Prahalad[21]在《哈佛商业评论》撰文“The core competence of the corporation”，正式提出企业核心能力的理论框架。该理论认为，企业间存在知识、技术等资源的固有差异，这些差异独特且难以在企业间流动或被复制，因而可以此为基础塑造企业独特的竞争优势。以该理论为基础，企业战略应当紧紧围绕自身特点，进入与自身优势相对应的产业，避免盲目扩张与多元化经营。资源基础观曾被寄希望于成为整合战略管理理论框架的有力范式[22]。

伴随着企业知识共享和创新的迅猛发展，企业战略管理不再是环境论与资源观统治下的静态范式，而是向着动态视角下知识观与创新基础观（innovation based view，IBV）[23]整合的方向演进，东方传统战略智慧的思想也必将被纳入其中。时代的进步与转型为企业战略管理理论体系的发展划定了新的边疆，新的情境孕育了新的管理实践，新的管理实践需要新的战略管理理论框架的指引。从复杂科学管理理论和更系统的知识管理视角来看，知识是企业重要的竞争性资源，是构造企业的核心能力与动态能力的关键（图 1）。

新一代战略管理框架，应当引入复杂科学管理所提倡的以统筹观与整体论为核心的东方战略思想，强调和弘扬中国哲学与人文精神，扎根于天人合一、利他精神等传统思想，将东方战略思想作为统领企业战略决策的整体性、动态性的系统性纲领。

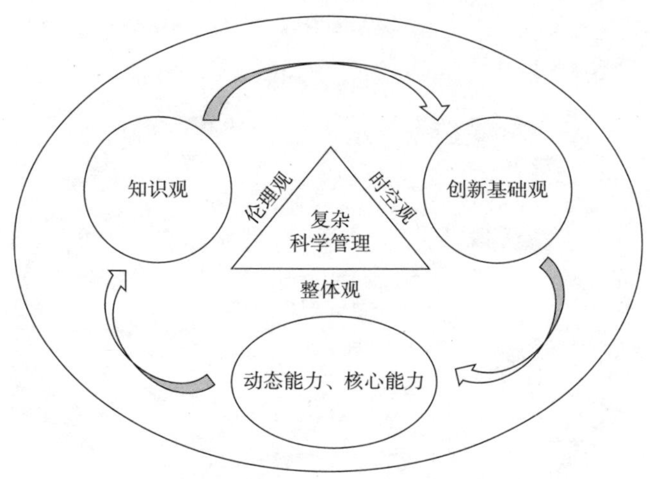

图 1　复杂科学管理指引下的战略管理新框架[23]

4.2　复杂性科学管理与有意义的管理

长期以来，企业管理对社会价值、意义与大趋势的回应不足，主流的企业社会责任（corporate social responsibility，CSR）视角仅将社会需求视为制度压力（institutional pressure）的来源之一，企业需要被动地接受社会需求为其带来的额外“成本”，从而以消极的视角来看待管理的社会意义。陈劲和曲冠楠[24]提出有意义的创新管理，强调管理活动应当是科技思维、人文思维与哲学思维的统一，企业应当在管理活动中关注积极的社会文化、长期的社会福利及人的自我发展，从而采用更积极的视角看待社会需求。

在复杂性科学框架下，有意义的创新管理所关注的是一种“非线性”的企业管理思维，帮助企业“从关注短期利益和内部效率的束缚中解脱出来，逐步转向聚焦中长期收益和外部社会福利，实现具有引领社会进步和人类发展意义的创新实践”[24]。应当认识到，在复杂多变的当今社会，将视野局限在行业内部的决策模型已经无法适应高度不确定的外部大环境与不断发生的熊彼特冲击，基于旧有推演逻辑（deductive logics）的企业管理模式需要被以复杂逻辑（complex logics）为核心的意义管理框架替代。新时代有意义的管理，是科学、艺术[14]与哲学[24]在非线性、动态性、不确定性与复杂性条件下所形成的复杂适应性系统（complex adaptive system，CAS），是人文精神、哲学思考与人的价值，在技术与市场双重驱动下对社会意义的积极回应（图 2）。

基于复杂科学管理框架的有意义的管理，是一种多维度、多方向的思维框架，以人文精神、哲学思考、人的价值的思考为底层认识，内生性地看待技术的发展与市场的需求，从利用技术向探索技术转向，从顺应市场需求向预判市场需求乃至塑造市场需求转向，从承担社会责任向追求社会意义转向，从追求局部均衡向寻求整体性、动态性收敛转向，实现管理决策与思维模式的颠覆性变革。

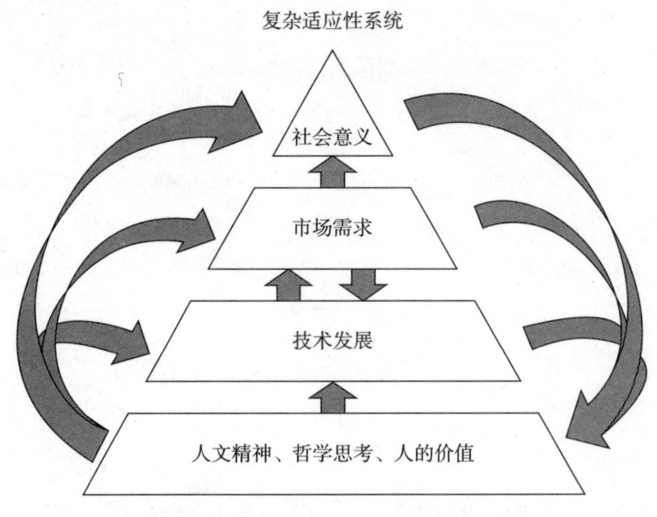

图 2 基于复杂适应性系统的有意义的管理[24]

4.3 企业管理的新构图

根据复杂科学管理思想，企业管理的最高层体现在有意义的管理和战略管理，在此基础上，具有互补性质的科学管理（以质量管理和项目管理为主体）和创新管理、知识管理，构成了企业管理的新体系（图 3）。

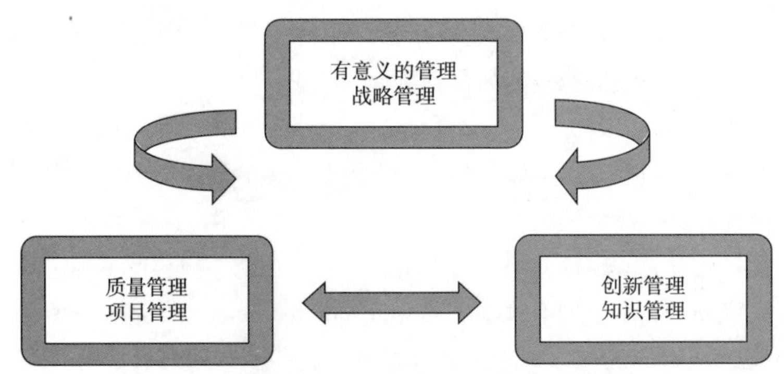

图 3 企业管理的新体系

首先，以泰勒思想为核心的科学管理体系，其本质是推演逻辑下提升生产效率的“机械”系统模式；其次，以动态视角为核心的创新管理与知识管理，是推演逻辑与归纳逻辑的综合运用，是提升企业整体绩效的“有机”模式；最后，以复杂性科学管理为框架的战略管理与有意义的管理，是非线性思维、整合性思维与系统性思维在复杂适应性系统下机械与有机相融合的“生态”模式。

以复杂科学管理为框架，构建企业管理的新图景，将有利于在更深层次上融合现有企业管理的诸多学派，引领企业走向更为广阔的管理决策体系。在理论层面，尽管企业管理经历了从静态到动态，从关注行业到资源再到能力，从提升效率到获得合法性与竞争优势，从“机械”到“有机”等诸多颠覆性变革，然而，现有框架对于新时代高度不确定环境的解释与预测仍不能令人满意，以复杂性理论、混沌理论等思想为框架，将有助于发现复杂多变环境中的不变规律，助力管理理论在下一次“飞跃”。在实践层面，在“黑天鹅”频发的当今世界，企业普遍面临着时刻可能降临的“熊彼特冲击”，无论对于行业在位者还是新入者而言，变化莫测的利基市场、竞争态势与制度环境都是其难以处理的棘手问题，这其中既包含着风险与挑战，也蕴藏着巨大机遇。对企业而言，如何发现、解读、预知与管理“变化”，是其获得可持续竞争优势并实现永续经营的关键，以复杂性科学管理框架为工具，企业核心决策者将有机会发现纷繁复杂外部环境下有价值的信息与机会，从而领导企业获得优势，实现超越。

在新时代下，以复杂科学管理为基础的企业管理理论体系，将有希望为政府决策者提供新的、有力的政策制定逻辑与分析框架，助力经济转型、产业升级与社会治理，服务于社会主义经济建设。

参考文献

[1] 陈劲. 第三代管理学的兴起[J]. 管理学家：实践版，2013，(7)：104-105.

[2] Taylor F W. The Principles of Scientific Management[M]. New York：Martino Fine Books，2014.

[3] Fayol H. General and Industrial Management[M]. London：Pitman，1971.

[4] Koontz H，O'Donnell C. Principles of Management：An Analysis of Managerial Functions[M]. New York：McGraw-Hill，1972.

[5] Koontz H. The management theory jungle[J]. Academy of Management Journal，1961，4(3)：174-188.

[6] Robbins S P. Organization theory：structures，designs，and applications[J]. Annals of the New York Academy of Sciences，1990，61(6)：442-451.

[7] Robbins S P. Organizational Behavior[M]. Harlow：Pearson Education Limited，2013.

[8] 陈劲. 科学和管理：中国的机遇与挑战[J]. 科学与管理，2014，(1)：12-13.

[9] 陈劲. 管理的“知识人”时代[J]. 管理学家：实践版，2013，(11)：102-103.

[10] 陈劲，王鹏飞. 管理学的新体系[J]. 管理学报，2010，7(11)：1730.

[11] Nonaka I，Takeuchi H. The Knowledge-creating Company：How Japanese Companies Create the Dynamics of Innovation[M]. London：Oxford University Press，1995.

[12] Nonaka I. A dynamic theory of organizational knowledge creation[J]. Organization Science，1994，5(1)：14-37.

[13] Nonaka I，Konno N. The concept of “Ba”：building a foundation for knowledge creation[J]. California Management Review，1998，40(3)：40-54.

[14] 徐绪松. 复杂科学管理[M]. 北京：科学出版社，2010.

[15] Porter M. Competitive Strategy[M]. New York：Free Press，1980.

[16] Porter M. Competitive Advantage[M]. New York：Free Press，1985.

[17] Lamb R. Competitive Strategic Management[M]. Englewood Cliffs：Prentice Hall，1984.

[18] Wernerfelt B. A resource-based view of the firm[J]. Strategic Management Journal，1984，5（2）：171-180.

[19] Barney J B. Firm resources and sustained competitive advantage[J]. Journal of Management，1991，17（1）：99-120.

[20] 马浩. 战略管理学 50 年：发展脉络与主导范式[J]. 外国经济与管理，2017，39（7）：15-32.

[21] Hamel G，Prahalad C K. The core competence of the corporation[J]. Harvard Business Review，1990，68（3）：79-91.

[22] Peteraf M A. The cornerstones of competitive advantage：a resource-based view[J]. Strategic Management Journal，1993，14（3）：179-191.

[23] 陈劲，曲冠楠，王璐瑶. 基于系统整合观的战略管理新框架[J]. 经济管理，2019，41（7）：5-19.

[24] 陈劲，曲冠楠. 有意义的创新：引领新时代哲学与人文精神复兴的创新范式[J]. 技术经济，2018，37（7）：4-12.

New Composition of Enterprise Management：Based on View of Complex Scientific Management

Chen Jin

（1.School of Economics and Management，Tsinghua University，Beijing 100084，China；
2.Research Center for Technological Innovation，Tsinghua University，Beijing 100084，China）

Abstract：In the new “knowledge economy” era，the core concern of enterprise management has gone beyond the pursuit of “efficiency” and “control” in the era of industrial economy，and has turned to a new composition led by innovation management，knowledge management，meaningful management and strategic management. With the framework of complex scientific management，the new theoretical system of enterprise management may integrate prevailing management streams through a deeper level，building systematic and comprehensive decision-making models for enterprise decision-makers，and providing new logic and vision for policy-makers.

Keywords：complex scientific management；new composition of enterprise management；meaningful management；new framework of strategic management

基于双向闭环思维的复杂科学管理方法集研究

谢科范，余肖禹

（武汉理工大学 管理学院，武汉 430070）

摘要： 考虑到复杂系统的庞大、黑色、凌乱、易变特征，凝练复杂科学管理的双向闭环思维，基于此提出复杂科学管理的方法集。探讨方法集中的实践–理论双向闭环法、定性–定量双向闭环法、升维–降维双向闭环法、前馈–反馈双向闭环法四种具体方法，并给出这些方法在实践中的运用过程。

关键词： 复杂系统；复杂科学管理；双向闭环思维；方法集

系统理论经历了由系统论、信息论和控制论的“老三论”向耗散结构理论、协同学和突变论的“新三论”的发展。“新三论”实际上已开始触及复杂系统问题，包括系统的自组织、自适应、自学习、有序、序参量、位势和突变等，但“新三论”由于其过于抽象的理论性以及方法论方面存在的不足而在管理中的实际应用远不及“老三论”。在这种情况下，对系统的复杂性的考量使得一门新的学科——复杂系统理论应运而生。复杂系统理论的一个分支——混沌理论发展十分迅速，其蝴蝶效应、奇怪吸引子、分形这三大核心原理在某些具体的领域，如气象学、工学、生物学、医学等得到了较好的应用[1]，但在管理领域的应用却相对较少[2]，除了蝴蝶效应在供应链领域被具体化为牛鞭效应以外，奇怪吸引子以及分形理论难以在管理中找到用武之地。目前复杂系统理论已重点聚焦于 CAS（complex adaptive system，复杂自适应系统，有学者将之等同于复杂性科学，即 complexity science），CAS 相对于早期的复杂系统理论来说，其在管理中的可应用性已然得到增强，但是，目前 CAS 在管理中成功应用的范例依然鲜见。

复杂系统的突出特征是系统具有复杂性，这一复杂性可以归结为 2B2C。复杂系统的第一个特征是系统庞大（big），表现为系统规模大、要素数量大或内容大，因此，大系统、复杂巨系统便日益成为人们关注的对象。复杂系统的第二个特征是系统的黑色（black）性，即系统的白色信息少，未知的黑色信息多，人们对系统内部的状况缺乏充分的把握。复杂系统

作者简介：谢科范（1963—），男，湖南益阳人，武汉理工大学管理学院教授，研究方向：风险管理。余肖禹（1996—），男，湖北十堰人，武汉理工大学管理学院硕士研究生，研究方向：复杂系统理论。

的第三个特征是凌乱（chaos），表现为系统内部的结构、层次和逻辑关系杂乱而不清晰。复杂系统的第四个特征是易变（changeable），即系统总是处于不断变化之中，且其变化机制和走向难以被识别和预测。在系统工程的实践中，处理复杂系统 2B2C 的常规做法是：对于大系统，予以逐步分解，着眼全局，把握重点。二八定律在管理中的应用、应急 WBS（work breakdown structure，工作分解结构）在项目管理中的应用便是这一思路的具体体现。对于系统的黑色问题，则通过调研、启发式算法、组织学习等方法实现系统的逐步白化。对于系统的凌乱问题，采取分层的方法［如 ISM（interpretative structural modeling，解释结构模型）］、节点分析法（如社会网络中的中心点和空洞）等。对于系统的变化特征，则采取以变应变思路，如预测中的移动窗口法、生产管理中的滚动计划法。人们针对复杂系统的四个特征，分别探寻各种处理和应对的方法，但是，这些方法没有整合到一起，目前依然停留在点对点、各行其是的状态。应对复杂系统问题，需要采用工具箱或方法集的思路，以切实从整体的视角和整体的部署来处理系统的复杂性。方法集，也就是由一系列方法组成的集合，在复杂科学管理中可以根据实际情况选取或组合。

管理系统是一个复杂系统，其复杂性决定了在系统论的整体思维的总括下，需要有一套分析和解决复杂管理系统中的问题的原理、方法论和方法。徐绪松教授提出的复杂科学管理[3]，恰恰提供了一整套基于系统思想，把管理问题看成复杂系统的完整体系。复杂科学管理的核心思想是系统思维，提倡把对象看成一个整体，从多个视角来认识和分析系统，并给出问题的解决方案。复杂科学管理的系统思维强调从环状看因果，强调因果之间的互动关系而不是单向的“因影响果”的关系。当因果关系出现循环时，就可以将其称作闭环，闭环系统存在反馈环节。因果关系的双向性意味着因影响果，果又影响因，即要素间互为因果；双向性还可以表现为系统分析过程的可逆性和可回退性。在对复杂管理系统进行分析时，如果将闭环和双向因果关系同时考虑进去，便是所谓的“双向闭环思维”。

双向闭环思维并没有脱离系统的整体思维理念，是在系统整体思维下的，面向复杂管理对象的一种具体的方法论性质的思维。它有以下两个特点。

第一，闭环意味着有反馈循环，这种循环是递进的，即每一轮新的循环相对于上一轮循环都可能会有进步。反馈意味着信息的利用、比较、纠偏、调节、学习、进化。其中又有两个方面的问题：一是循环中的反馈并不排斥前馈的存在，在复杂管理系统中，前馈与反馈的耦合应当是常态；二是闭环系统不意味着系统是封闭的，闭环系统不等于封闭系统，相反地，在复杂科学管理实践中，开放性是进行系统分析的前提。因此，复杂科学管理中的闭环实际上是开放式闭环。

第二，双向意味着系统的要素之间存在正向关系和反向关系，而系统分析本身也是可以回退或倒进的。双向不同于闭环中的反馈，反馈是一种链式循环，且对于系统是“做功”的，其是一种动态反复。“做功”意味着系统进入下一个循环时，上一个循环的成果是有用的、可用的或已用的。而双向中的逆向一般是单节的，由于是回到原有状态，故有时对于系统是不“做功”的。“不做功”意味着系统分析或系统运行的部分或全部工作是无用的或未用的，是一种废弃或推倒重来。反馈机制在一般系统管理和复杂系统管理中均广泛存在，而双向机制则更适合于复杂系统的分析，系统的复杂性和不确定性决定了复杂科学管理中的逆向关系和回退机制十分重要。

在双向闭环思维下，可以开发出一组双向闭环方法，称之为基于双向闭环思维的复杂科学管理方法集，具体包括七种方法，即实践-理论双向闭环法、定性-定量双向闭环法、升维-降维双向闭环法、前馈-反馈双向闭环法、静态-动态双向闭环法、前推-后推双向闭环法、目标-资源双向闭环法。前面四种称为高等工具，后面三种称为初等工具，本文仅讨论四种高等工具。

1　实践-理论双向闭环法

在自然科学研究中，可以是先理论后实践，也可以是先实践后理论，但在管理研究中，更多的应当是问题导向，而其中的问题则应当是来源于实践。因此，复杂科学管理中的理论与实践的结合，应当是起乎管理实践，再归乎管理实践。所谓实践-理论双向闭环法，是指先实践、后理论、再实践，从而形成理论—实践—理论的闭环，不过，在这一循环中又存在逆向环节（图 1）。

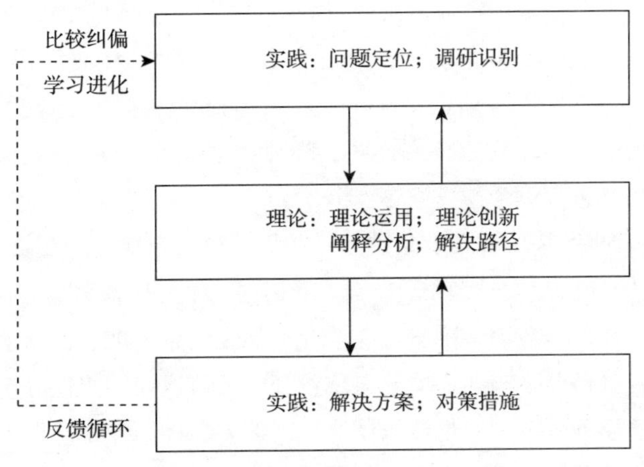

图 1　实践-理论双向闭环法

实践-理论双向闭环中的循环表现为：

（1）从实践中明确问题与需求，通过调研识别问题。

（2）通过三种方式实现理论与实践的结合：一是用现有的理论来阐释、分析问题，并提出解决方向；二是从实践中提炼出新的理论，实现理论创新；三是在现有理论的基础上进行提升创新。

（3）运用理论分析的成果提出问题的解决方案与对策。可以看出，这一实践—理论—实践的循环，并不是回到实践的原点；第一个环节的实践，是提出问题，第三个环节的实践，则是解决问题。实践-理论双向闭环法中的双向，是指从实践到理论的过程中，由于问题分析错误、掌握信息有误，或者无法实现理论分析而回退到实践环节，重新对问题进行定位或重新开展调研工作；或者在从理论到实践过程中，无法基于已有的理论分析而获得有效可行的解决办法，而需回退到理论环节，重新进行理论分析。

2 定性-定量双向闭环法

管理具有科学性和艺术性，其科学性决定管理对象或管理问题具有结构化成分，可以进行定量分析，目的是求出最优解。其艺术性决定其具有非结构化成分，从而需进行定性分析，目的是求出可行解。定性、定量的结合，实际上是用定量分析方法解决结构化问题与用定性分析方法解决非结构化问题相结合，这种结合得出的可以是两种解，一种是最优化与主观判断相结合的满意解，另一种是博弈论与实际谈判相结合的均衡解（博弈各方被动接受的僵局解）或妥协解（各方让步情况下的解）。

定性-定量双向闭环法是指从定性分析到定量分析再到定性分析的可逆循环方法，其过程如下。

（1）通过定性分析识别问题，并将其分解为可结构化的问题和不可结构化的问题。对于不可结构化的问题，则继续采用定性方法进行分析，对于可结构化的问题则转入下一步。

（2）通过定量方法对结构化问题进行分析。其内容包括：系统影响分析（结构方程模型、解释结构模型、贝叶斯网络等）、系统评价分析（层次分析法、数据包络分析法、模糊评价法、熵权法、突变级数法等）、系统决策（线性规划、非线性规划等）、系统预测（回归预测法、系统动力学、增长曲线法、组合预测法等）。

（3）运用定量分析结果，并结合定性分析结果，得出定性结论及决策建议。

定性-定量双向闭环法运用过程中，经常需要回退到上一阶段，这主要是因为复杂管理系统存在较大的不确定性，其在第一阶段可能会存在问题设定不准、信息掌握不够充分、结构化问题和非结构化问题划分不当，而需要在定量分析环节退回到定性分析环节；也会由于定量分析环节的数学建模不科学、定量分析结果出现偏差，在第三个阶段无法找到系统性解决管理问题的整体方案，而需回退到定量分析环节甚至回退到最早的定性分析环节。因此，定性-定量分析中，逆向过程既常见又属必需。

即使在定量分析环节，也存在小的双向闭环，即概念模型—数学模型—概念模型。第一步的概念模型，是指通过语言或图来描述复杂管理系统中变量之间的关系；第二步的数学模型则是基于概念模型，通过公式或方程来描述变量之间的关系；第三步的概念模型则是解决复杂管理系统问题的思路。例如，研究企业的技术创新投入问题，首先是要进行概念界定，并构建企业技术创新投入对创新绩效影响的关系模型，其次建立数学模型确定最合适的技术创新资金投入和人力资源投入，最后根据企业的财力、研发基础、对其他企业的预测等最终确定合理的技术创新投入水平。

因此，定性–定量双向闭环法具有双循环特征，具体过程如图 2 所示。

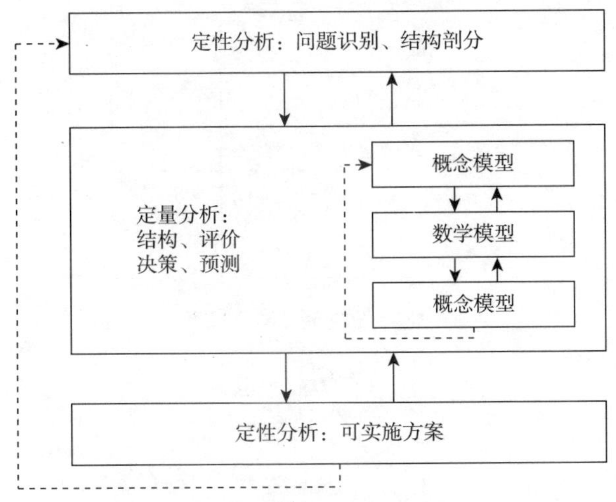

图 2　定性–定量双向闭环法

3　升维–降维双向闭环法

一般的系统思维虽然也重视系统的动态性，但通常只考虑量的动态性和结构的动态性，却很少关注维度的动态性。复杂管理系统分析过程中，人们会无意中站在某一维度空间考虑问题而不自知，且缺乏主动选择与调整，结果，由于系统的复杂性，人们很容易站错维度空间，导致系统分析的失误。解决这一问题的法则就是变维，即当在现有维度空间不能发现问题或不能解决问题时，说明可能是维度空间选择错误，此时可尝试进行降维或者升维。

可以先从两个几何问题说明降维和升维的重要性。

（1）立体侧面画线问题。图 3 是一个纸盒子，在其相邻的两面各有一点，需要在借助尺子的情况下，从盒子表面连接这两点，使两点之间的沿面距离达到最短。这显然是一个三维问题，解这个问题的最简单的方法是降维，即降维到二维问题，方法是，把纸盒子拆开摊平，用尺子画线，再将其恢复到三维状态。

（2）火柴棍问题。需要用 6 根火柴棍摆成 4 个等边三角形。人们容易习惯性地从二维角度来解这一问题，结果是无解。可以将这一问题升维到三维问题，在三维空间来摆火柴棍，结果如图 4 所示。

在数学中，降维法是一种投影方法。例如，三维问题的投影可以是二维问题，二维问题相对三维问题解决起来要简单一些，因此，降维法可以降低解决问题的难度。可以将一个三维问题切成多个相互临近的剖面，每一个剖面就是一个二维问题，多个临近的二维问题综合起来可以作为三维问题的一种近似。数学中的升维法，最典型的是拉格朗日乘子法。一个 n

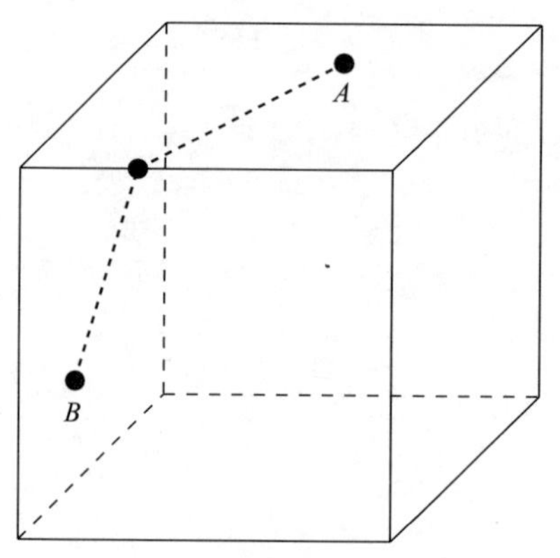

图 3 立体侧面画线问题

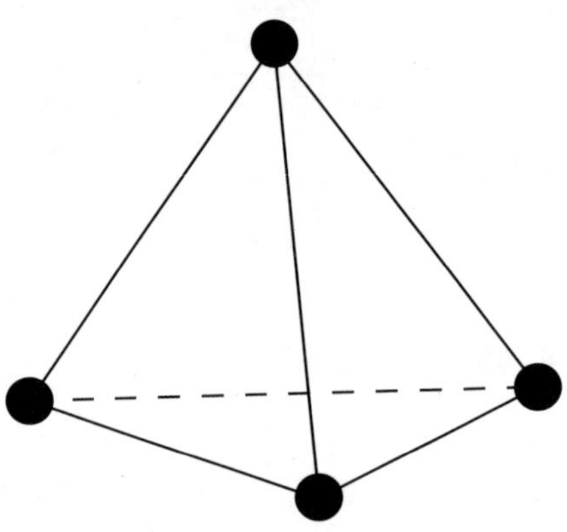

图 4 火柴棍问题

个变量、m 个约束条件的最优化问题，可以通过引入 m 个拉格朗日乘子来去掉约束条件而变成一个无约束最优化问题，从而便于问题求解，但代价是问题的维度由 n 维升至 $n+m$ 维。数学中的降维法也很常用，如曲面积分便是一种积分计算上的降维过程。

在系统工程领域，降维法较常用。例如，Hall 模型中包含了三个维度（知识维、逻辑维、时间维），去掉知识维即降维到了只包含逻辑维和时间维的二维度，即所谓系统工程矩阵。Hall 模型并不强调将最初的三维度用于解决实际问题（主要是工程项目中的问题），而是从系统工程矩阵出发进一步对时间维和逻辑维的环节进行缩并，并部分考虑到了回退机制。

升维-降维双向闭环法，也就是在用系统工程的方法分析问题时，从多维度入手，以考虑尽量多的因素为准，然后逐步剔除次要因素，重点分析主要因素的影响。降维法在经济学中的典型代表是比较静态分析，即建立被解释变量和多个解释变量之间的关系，然后选取主要因素做重点影响分析，而将其他因素认定为次要因素，将多因素分析转化为两种类型的单因素分析，即首先假设主要因素发生变化而其他所有次要因素均保持不变，对主要因素的影响程度进行分析；其次假设主要因素不变，其他次要因素中的某一个发生变化，以分析次要因素的影响作用。

升维–降维双向闭环法在实际应用过程中，需要结合定性分析和定量分析，具体做法如图 5 所示。

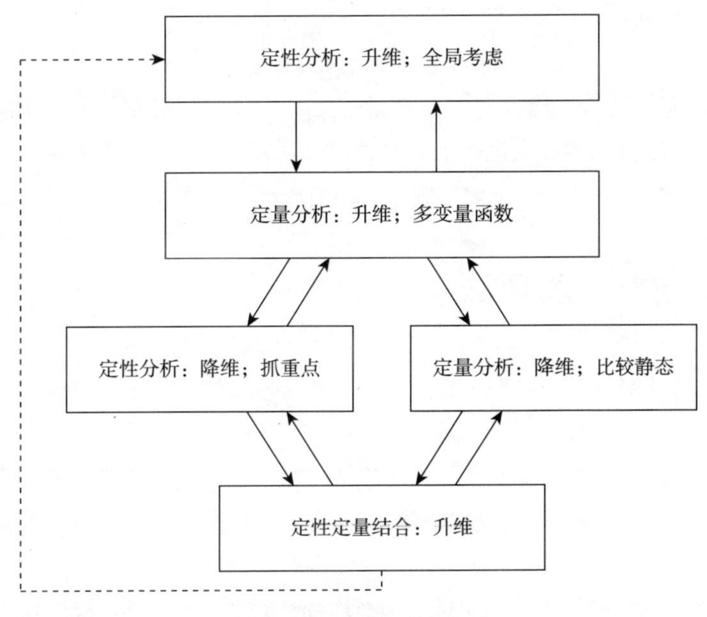

图 5 升维–降维双向闭环法

1）定性角度

升维表示在复杂管理系统分析中必须考虑到所有的因素和所有的维度，即所谓着眼全局，全面设维。然后识别哪些是重点因素，哪些是非重点因素，只针对重点因素进行分析和施策，即减少考虑的维度。随着时间的变化，重点因素和非重点因素也在发生变化，因此，定性的降维法的运用方法是，先评价，再排序，后确定重点因素。即首先建立评价体系和评价方法，对各因素的重要度进行评价；其次对各因素按重要度大小进行排序；最后按照二八定律，在所有因素中选择重要度排序前 20%的因素作为重点因素，其他因素作为非重点因素，针对重点因素进行进一步深度分析并精准施策。

2）定量分析角度

升维意味着考虑影响某个被解释变量 Y 的所有因素 X_1，X_2，…，X_n，从而得到函数 $Y=F(X_1, X_2, \cdots, X_n)$。

将 n 个变量分为重点因素和非重点因素。其中，重点因素集为 $s=\{X_1, X_2, \cdots, X_m\}$，且 $s \in S$，其中，$S=\{X_1, X_2, \cdots, X_n\}$。显然，非重点因素集为 $N=S-s$。于是，上述关系可以描述为 $Y=F(X_1, X_2, \cdots, X_m; N)$。

为分析方便，一般可假定 N 中的变量不变，此时，函数关系便由 n 维降到 m 维。在经济学的比较静态分析中，往往把重点因素设为一个，其他的 $n-1$ 个因素成为非重点因素。例如，当 X_1 为重点变量时，函数 $Y=F(X_1; S_{-1})$，其中，$S_{-1}=\{X_2, X_3, \cdots, X_n\}$，显然，这时的维度降到 1 维，可以称之为绝对降维。比较静态方法用于复杂科学管理的降维时，其操作过程如下：设 X_i 为重要变量，则其他 $n-1$ 个变量为非重要变量，总体记为 $S_{-i}=\{X_1, X_2, \cdots, X_{i-1}, X_{i+1}, \cdots, X_n\}$，则函数变为

$$Y=F(X_i; S_{-i})$$

首先，假设 X_i 变化，而其他 $n-1$ 个变量不变，即将 n 维问题化为一维问题，可以分析 X_i 对 Y 的影响，或通过一维最优化问题得出最优解；其次，针对其他变量重复这一过程；最后，通过某种方法综合得到各影响因素联合作用对 Y 的近似影响，或得到近似最优解。

4 前馈-反馈双向闭环法

反馈是系统自动调节的一种方式，其通过对系统输出的信息进行获取，将输出信息与目标值进行比较，一旦出现偏差，即对系统采取调节措施进行纠偏。反馈控制或反馈调节属于古典控制论内容，是一类在机械电子系统中常见的控制方式，在管理领域，像 PDCA 循环等工具实际上与反馈一脉相承，只不过，PDCA 循环不是简单的反馈调节，其包含了学习、优化等自适应控制的内涵。反馈调节运用于管理中会产生两个弊端：一是系统按照反馈调节方式进行调整时会形成“蛇行”，导致频繁纠偏及增加试错成本；二是如果纠偏不及时会导致过度偏离，进而导致系统发生风险。

前馈则是对系统的未来环境进行预测，给出系统运行的既定轨道，使得系统按照预定轨道运行。前馈虽然理论上可以减少系统运行中的波动，但如果对环境的变化预测不准或一旦环境发生新的变化，系统运行的路径便会变成不可行或不合理。

在管理实践中，一般会将前馈与反馈相结合，既有体现为计划、制度、预案的前馈，亦有体现为纠偏、调整的反馈。特别是滚动式计划方法，是一种把反馈和前馈结合得很好的方法。而前馈-反馈双向闭环法，则需导入双向机制和循环机制，做到当时计划具有可修改性，即计划的柔性，以及形成计划、纠偏、计划的循环。

图 6 是前馈-反馈双向闭环法在复杂科学管理决策实践中运用的一种参考模式。这里把决策分为战略决策、日常决策和应急决策，其循环过程为：预测应对—情景应对—预测应对。对于战略决策，首先需要做出战略计划，在实施过程中，要根据环境的变化改变当前的战略实施，其次再进行计划调整（包括调整长期计划和当期的短期计划）。对于日常决策，需要制定相应的制度，以制度作为日常行动的依据与约束，其中最主要的是流程方面的规定；在制度实施过程中，可能会出现异常事件，即原来的制度未能考虑到或涵盖的事件，此时需根据当时的情景进行应对，其后需将新出现的异常事件及其相应要求补充到原有的制度当中。在应急决策中，先是制定突发事件的应急预案，当突发事件发生时，在启动预案的同时需根据当时的环境和突发事件的变异进行情景应对，突发事件应对结束后，需要对原有预案进行优化与细化。

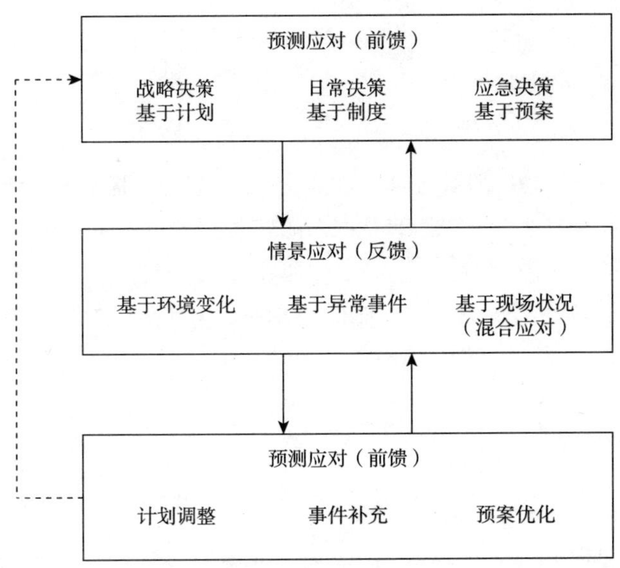

图 6 前馈–反馈双向闭环法在复杂科学管理决策中的运用思路

特别地，前馈–反馈双向闭环法用于突发事件应急管理决策时，前馈和反馈会出现交替变化并在突发事件持续期间形成混合应对，具体如图 7 所示。在平常阶段，即突发事件未发生阶段，其主要任务是预防，按照既定的程序进行预测应对。在突发事件蓄发阶段，此时突发事件出现苗头，仍以预测应对为主，适当辅助以一定的情景应对。在突发事件发生阶段，开始是先启动预案进行预测应对，随着突发事件的新情况和异常情况的不断出现，逐步过渡到以情景应对为主，预测应对为辅。当突发事件进入衰减期以后，预测应对强度逐渐增加，情景应对强度逐渐减少，直到突发事件平息阶段，又进入了平时的预测应对阶段。

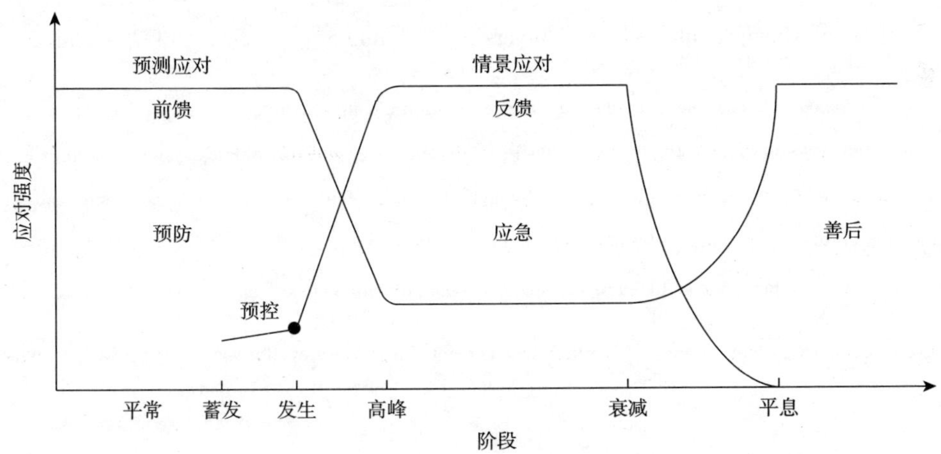

图 7 突发事件应急管理的混合应对

5 结论

本文基于复杂科学管理中的双向因果论和循环论的思想，提出了复杂科学管理的双向循环思维，具体分析了四种方法：实践-理论双向闭环法、定性-定量双向闭环法、升维-降维双向闭环法、前馈-反馈双向闭环法。一方面，这四种方法还有待进一步研究；另一方面，还有其他的方法，如静态-动态双向闭环法、前推-后推双向闭环法、目标-资源双向闭环法等，也将纳入未来的研究中。

参考文献

[1] Sandro G. Causal thinking and complex system approaches in epidemiology[J]. International Journal of Epidemiology，2010，39（1）：97-106.

[2] Donald V. The design structure system：a method for managing the design of complex systems[J]. IEEE Transactions on Engineering Management，1981，28（3）：71-74.

[3] 徐绪松. 复杂科学管理[M]. 北京：科学出版社，2010.

Research on Method Set of Complex Scientific Management in Perspective of Dual-direction Close-Loop

Xie Kefan，Yu Xiaoyu

（School of Management，Wuhan University of Technology，Wuhan 430070，China）

Abstract：This paper proposes the method set of complex scientific management in the perspective of dual-direction close-loop taking account of the features of big，black，chaos and changeable of complex system. And it conducts an explicit discussion about the principles and application modes of four methods，namely theoretical-practical dual-direction close-loop method，quantitative-qualitative dual-direction close-loop method，ascending-descending dual-direction close-loop method and feedforward-feedback dual-direction close-loop method.

Keywords：complex system；complex scientific management；dual-direction close-loop perspective；method set

企业 IT 服务管理能力评价与优化模型*

张金隆[1, 2]，高沛然[1, 2]，吴珊[1, 2]

（1.华中科技大学 管理学院，武汉 430074；
2.华中科技大学 现代信息管理研究中心，武汉 430074）

摘要： 随着信息化进程的逐步深入，原来对软件和硬件系统的管理已不能满足企业信息管理流程化和自动化的要求，以客户为中心、以流程为导向的 IT（information technology，信息技术）服务管理应运而生。然而，由于企业 IT 服务管理面临的需求日趋复杂、要求更高，企业 IT 服务管理实施效果并不理想，需要对 IT 服务管理能力进行科学评价与优化。针对这一需求，通过分析 IT 服务管理能力的影响因素，提炼 IT 服务管理能力评价指标与评价模型，构建企业 IT 服务管理能力评价与优化模型，完善企业 IT 服务管理能力优化策略，为我国企业开展 IT 服务管理的相关实践活动提供参考依据。

关键词： 企业信息管理；IT 服务管理；能力评价；能力优化

随着我国企业信息化进程的不断深入，业务对信息技术的依赖程度与日俱增[1]。为了更好地支持业务发展，企业持续地引入各式各样的 IT 应用系统，如企业资源计划系统、供应链管理系统、客户关系管理系统、决策支持系统和知识管理系统等。IT 在企业中的角色正逐步发生变化：IT 逐渐被企业看作支撑各项业务活动的服务手段，即 IT 服务[2]。IT 服务有助于企业高效开展各种业务活动，极大地增强了企业快速应对市场变化的能力，从而提升企业的竞争优势。目前，我国企业仍普遍存在 IT 服务效率低下、IT 服务质量不高、IT 与业务脱节等问题，这些问题通常不是来自技术，而是来自管理[3]。在此背景下，企业 IT 服务管理应运而生。企业 IT 服务管理是一类以客户为中心、以流程为导向，旨在提升企业 IT 服务支持与服务提供水平的方法论[4]。虽然 IT 服务管理在企业业务运作中发挥重大作用，但是企业 IT

---

*基金项目：国家社会科学基金重大项目“信息网络技术驱动中国制造业转型战略、路径和支撑体系研究”（16ZDA013）。

作者简介：张金隆（1952—），男，江西九江人，华中科技大学管理学院教授，博士生导师，研究方向：现代管理理论与方法、企业信息管理。吴珊（1979—），女，湖北武汉人，华中科技大学管理学院博士研究生，研究方向：创新管理、绩效评价模型与方法。

通信作者：高沛然（1989—），男，河南平舆人，华中科技大学管理学院在站博士后、助理研究员，研究方向：IT 商业价值。

服务管理的发展现状不容乐观。企业IT服务管理能力的不足，给企业带来巨大损失的例子举不胜举。例如，知名的电子商务企业易趣（eBay），因为IT服务管理中应急管理预案的缺乏，出现奎斯特通讯（Qwest Communications）公司十分钟的停电时间导致其系统服务瘫痪三小时的现象，使得数百万名用户的满意度急剧下降[5]。

鉴于企业IT服务管理能力对于企业从IT投资中获取商业价值至关重要，企业应充分了解并优化其自身的IT服务管理能力，亟须构建企业IT服务管理评价与优化模型。因此，本文针对这一需求，以企业IT服务管理为研究对象，探索企业IT服务管理能力影响因素，构建企业IT服务管理能力评价指标体系、评价模型与优化模型，进一步完善企业IT服务管理能力优化策略，以期为企业IT服务管理的相关理论研究与管理实践提供参考借鉴。

1 国内外研究现状

IT服务管理起源于ITIL（IT Infrastructure Library，IT基础架构库），ITIL是CCTA（Central Computer and Telecommunications Agency，英国中央计算机与电信局）于1980年开发的一套IT服务管理标准库，为企业的IT部门提供一套从计划、研发、实施到运维的标准方法。2001年英国标准协会（British Standards Institution，BSI）在国际IT服务管理论坛年会上正式发布了以ITIL为基础的IT服务管理英国国家标准BS15000。BS15000服务管理标准由英国标准协会开发，是目前世界上第一个针对IT服务管理的国家标准。而后又提出了一系列相对独立又彼此相互关联的IT服务管理所需要的管理流程。2002年BS15000被提交给国际标准化组织（International Organization for Standardization，ISO），申请成为IT服务管理国际标准。BS15000被接受为国际范围的标准ISO2000。2005年BS15000正式成为国际标准，由国际标准化组织和国际电工委员会（International Electrotechnical Commission，IEC）共同发布，因此通常写作ISO/IEC2000[6]。目前，国际IT服务管理论坛对IT服务管理给出的定义受到信息系统领域的广泛认可，其认为：IT服务管理是一套以客户为中心、以流程为导向，旨在通过IT与业务的整合，提升IT服务支持与IT服务提供水平的方法论[7]。

近些年，企业IT服务管理能力评价与优化研究成为国内外信息系统领域所关注的焦点之一，包括能力影响因素、能力评价指标体系、能力评价与优化模型等，其评价与优化结果可作为政府部门制定政策的依据与企业提高IT服务管理能力的指导。目前，国内外对IT服务管理能力评价与优化方面研究较少，评价指标并不一致，评价与优化方法也不多，还存在一些值得探究之处。第一，目前研究对IT服务管理影响因素与评价指标的探讨，主要包括以下方面：一是高层管理支持。高层管理支持主要表现为提供持续不断的人、财、物等投入，设置奖惩机制，出席有重大决策的会议等[8, 9]。二是选择匹配的IT服务管理工具。匹配的IT服务管理工具稳定易用、界面友好，可以确保IT与业务的无缝链接[10]。三是咨询顾问。咨询顾问主要承担成熟度评估、培训、流程设计、系统安装、切换及升级[11]。四是流程优化重组。流程优化重组应定义新流程的主要活动、进行流程存档并建立合理的机制持续改进[12]。五是用户参与。用户应增强自身的主人翁意识，减少用户对 IT 服务管理实施的抵制[11]。由于研究视角的不同，IT 服务管理能力影响因素的相关研究结论也有所不同。总体而言，IT 服务管理影响因素清单并不全面，包含干系人、流程、技术在内的企业 IT 服务管理能力影响因素清单尚需建立，多维度的 IT 服务管理能力评价指标体系还需提出。第二，目前对 IT 服务管理能力评价与优化模型的探讨还处于摸索阶段，评价与优化方法也不多。例如，Spremic 等通过以流程为导向的关键能力评价指标来度量 IT 服务管理的能力[13]。Wu 等通过平衡记分卡中的客户、学习与发展、财务及内部业务流程来评价与优化 IT 服务管理能力的水平[14]。McNaughton 等从 IT 员工、IT 用户、技术及管理四个方面，构建了一套完整的评价框架来测度 IT 服务管理能力[15]。可以看出，以上 IT 服务管理能力评价模型多是从静态视角出发，基于静态与动态相结合视角的 IT 服务管理能力评价模型亟须构建，企业 IT 服务管理能力优化策略亟须完善。

以上研究为本文的研究奠定了基础，同时也留下了研究空间。为此，本文试图构建全面的 IT 服务管理能力影响因素清单，并引进服务质量理论，从客户与提供者双重视角建立 IT 服务管理能力指标体系，基于静态与动态相结合的视角，构建 IT 服务管理能力评价与优化模型，提出企业 IT 服务管理能力优化策略。

2 企业 IT 服务管理能力影响因素

与我国企业 IT 服务管理实施实践相比，发达国家的 IT 服务管理实施实践更成熟，所积累的经验也更丰富。因此，发达国家的企业 IT 服务管理能力影响因素清单可能不太适用于我国的企业 IT 服务管理实施实践，有必要采用探索性方法建立我国企业 IT 服务管理能力影响因素清单。本文结合先前对企业 IT 服务管理能力干系人类影响因素[16，17]、流程类影响因素[18，19]、技术类影响因素[20-22]的分析，采用德尔菲法的三大步骤（头脑风暴、缩减范围、打分排序），构建企业 IT 服务管理能力影响因素清单。全面的 IT 服务管理能力影响因素清单构建过程及研究结果如下。

步骤一：头脑风暴。根据专家在 IT 服务管理领域的从业时间、相关资质与曾参与实施的 IT 服务管理流程数量等信息排序，邀约前 16 名的专家参与该研究。辨识形成 IT 服务管理能力影响因素初始清单，并不断增改这一初始清单，对类似的 IT 服务管理能力影响因素进行合并、删除与归类，归类之后进行分组并再次提交专家组验证。专家组对 IT 服务管理能力影响因素清单多次修正与补充，最终生成完整的 IT 服务管理能力影响因素清单。

步骤二：缩减范围。对步骤一所生成的清单进行缩减。各位专家组成员在上述 IT 服务管理能力影响因素清单中筛选 10 个其认为最主要的 IT 服务管理能力影响因素，并可以增改 10 个 IT 服务管理能力影响因素之外的影响因素，保留多数专家组成员（>50%）筛选的 IT 服务管理能力影响因素，进一步缩减 IT 服务管理能力影响因素清单的范围。

步骤三：打分排序。各位专家组成员均依据重要性对 IT 服务管理能力影响因素给予排序，并根据利克特 7 级量表（1 表示最不重要，7 表示最重要）对 IT 服务管理能力影响因素进行重要性评分，得到各 IT 服务管理能力影响因素的平均得分。在这一步骤中，通过 Kendall's W 系数决定专家组成员是否达成判断一致性。

最终形成的 IT 服务管理能力影响因素清单共包括 24 个干系人类影响因素、19 个流程类影响因素与 5 个技术类影响因素（表 1）。根据这些影响因素的最终排序结果，12 个最关键的影响因素分别是：高层管理承诺、咨询顾问的沟通技巧及问题解决能力、流程设计从企业业务需求出发、IT 人员应对变革的能力、IT 人员参与 IT 服务管理实施、IT 服务管理工具满足定制化业务需求、具有丰富经验的项目主管、软件供应商提供契合企业需求的工具、流程存档、高层管理关注 IT 服务管理的应用进展、采用 PDCA 方法持续改进流程、分步实施流程[23, 24]。

表 1　企业 IT 服务管理能力影响因素清单

干系人类（24 个）	流程类（19 个）	技术类（5 个）
高层管理： 1. 高层管理承诺 2. 高层管理坚信 IT 服务管理系统实施有助于业务发展 3. 高层管理授权 4. 高层管理关注 IT 服务管理的应用进展 5. 高层管理主持 IT 服务管理相关活动 6. 高层管理提供财、人、物等资源 7. 高层管理推广 IT 服务管理框架 8. 高层管理营造制度环境 IT 员工： 9. IT 人员的服务意识 10. IT 人员的团队精神 11. IT 人员应对变革的能力 12. IT 人员参与 IT 服务管理实施 13. IT 人员对 IT 服务管理系统持积极态度 14. 业务人员参与 IT 服务管理实施 15. 业务人员接受 IT 服务管理系统导致的变化 咨询顾问： 16. 咨询机构有足够多的顾问参与 IT 服务管理系统实施 17. 咨询顾问的沟通技巧及问题解决能力 18. 咨询顾问的高质量培训 19. 咨询顾问最好有相关的成功案例 供应商： 20. 软件供应商优质的服务 21. 软件供应商提供契合企业需求的工具 22. 具有丰富经验的项目主管 23. 稳定的项目团队 24. 软件供应商的高质量培训	服务提供： 1. 建立资源配置数据库 2. 建立问题管理知识库 3. 流程存档 4. 建立服务台 5. 引入变更管理及发布管理 服务支持： 6. 先实施最关键的流程 7. 采用 PDCA 方法持续改进流程 8. 成立流程改进组委会 9. 设立审计组委会 10. 尽早达到服务层级协议 11. 分步实施流程 12. 根据业务目标设计流程 13. 流程的无缝集成 14. 制定绩效指标测度流程效果 15. 指定负责人 16. 定义流程的活动与目标 17. 厘清流程的依赖关系 18. 以现有流程为基础设计新流程 19. 流程设计从企业业务需求出发	1. IT 服务管理工具满足定制化业务需求 2. IT 服务管理的数据可靠 3. IT 服务管理易于操作 4. 选择本地化高的 IT 服务管理软件 5. IT 服务管理工具能兼容 Six Sigma、Cobit 及 CMMI 等标准

3 企业 IT 服务管理能力评价指标体系

在企业 IT 服务管理能力影响因素分析的基础上，结合服务质量相关理论，从 IT 服务管理用户与 IT 服务管理提供者的双重角度，构建企业 IT 服务管理能力评价指标体系。具体构建过程及研究结果如下。

3.1 基于用户角度的企业 IT 服务管理能力评价指标体系

在传统的服务管理过程中，提供者与用户通常是以面对面的形式进行交互。而在企业实施 IT 服务管理的过程中，不仅涉及用户与 IT 人员的面对面交互，还涉及用户与系统的交互。因此，笔者将 IT 服务管理能力评价指标划分为两个一级评价指标：人工服务能力与系统服务能力。

在人工服务能力方面，以往研究证实 SERVQUAL 是有效测量人工服务能力的工具[25]。在此，采用 SERVQUAL 五维度来构建人工服务能力评价指标，本文认为人工服务能力包括服务友好、服务有形、服务响应、服务可靠与信息安全这五个二级评价指标。在系统服务能力方面，DeLone 和 McLean 提出的信息系统成功模型是最有影响的评价模型[26]。该模型认为，企业管理信息系统能力最关键的两个因素是系统质量与信息质量，其中系统质量主要包括系统的易用性、稳定性、响应速度等；信息质量则主要包括信息的准确性、及时性及有效性等。基于该模型，本文认为系统服务能力包括系统质量与信息质量这两个二级评价指标。同时考虑东西方文化差异，通过有效问卷的因子分析，对以上评价指标进行修正[27]。根据以上研究结果，基于服务质量理论，最终构建基于用户角度的企业 IT 服务管理能力评价指标体系，如表 2 所示。

表 2 基于用户角度的企业 IT 服务管理能力评价指标体系

一级评价指标	二级评价指标
人工服务能力	服务友好
	服务有形
	服务响应
	服务可靠
	信息安全
系统服务能力	系统质量
	信息质量

3.2 基于提供者角度的企业 IT 服务管理能力评价指标体系

2007 年，第三版的 ITIL 开始把生命周期理论引入 IT 服务管理领域。此后，鉴于生命周期理论在 IT 服务管理领域较好的适用性，我国在制定 IT 服务标准（IT service standards，ITSS）时，也采用了生命周期理论对 IT 服务管理生命周期进行阶段划分，分别是规划、设计、部署、实施、运营、监督管理与持续改进。本文对以往文献（如文献[28]、文献[29]）中对于服务生命周期阶段的划分，抽取其共有的特征，将 IT 服务管理生命周期分为服务规划、服务设计、服务运营及服务优化。

因此，本文将 IT 服务管理评价指标相应地分为服务规划能力、服务设计能力、服务运营能力及服务优化能力这四个一级评价指标。以此为基础，对 IT 服务管理用户进行半结构化访谈，利用内容分析法对访谈资料进行编码，通过筛选，研究结果显示：服务规划能力主要包括领导重视、业务了解、用户需求这三个二级评价指标；服务设计能力主要包括项目管理、供应商管理、设计过程、标准管理这四个二级评价指标；服务运营能力主要包括服务氛围、知识管理、基础设施、流程管理、人员管理这五个二级评价指标；服务优化能力主要包括服务监控与持续改进这两个二级评价指标[5]。最终，以服务质量理论为基础，构建了基于提供者角度的企业 IT 服务管理能力评价指标体系，如表 3 所示。

表 3　基于提供者角度的企业 IT 服务管理能力评价指标体系

一级评价指标	二级评价指标
服务规划能力	领导重视
	业务了解
	用户需求
服务设计能力	项目管理
	供应商管理
	设计过程
	标准管理
服务运营能力	服务氛围
	知识管理
	基础设施
	流程管理
	人员管理
服务优化能力	服务监控
	持续改进

4　企业 IT 服务管理能力评价模型

在对企业 IT 服务管理能力评价指标体系进行构建的基础上，集成用户和提供者双重角度构建基于静态视角的企业 IT 服务管理能力评价模型。在此基础上，考虑到管理信息系统实施过程中，面临着企业业务、资源配置、战略、流程等的持续改进，有必要进一步构建基于动态视角的 IT 服务管理能力评价模型。具体构建过程及研究结果如下。

4.1　基于静态视角的 IT 服务管理能力评价模型

该评价模型采用专家调研与层次分析法集成的方法确定 IT 服务管理能力评价指标的权重。评价指标权重的确定过程如图 1 所示。先采用专家调研的方式，分别确定各层的判断矩阵。然后计算得到子层指标权重，并对子层进行一致性检验，如一致性检验没有通过，则需重构子层判断矩阵，如果一致性检验通过，则再计算高层指标权重，并对高层进行一致性检验，如一致性检验没有通过，则需重构高层判断矩阵，如一致性检验通过，则确定最终的权重。

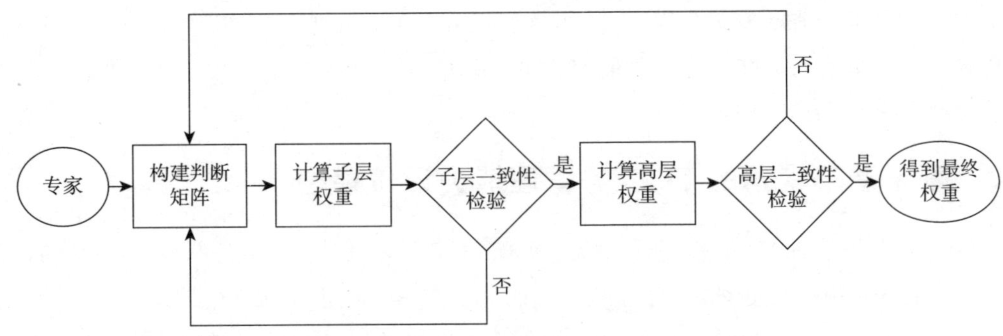

图 1　企业 IT 服务管理能力评价指标权重的确定过程

在确定企业 IT 服务管理能力评价指标权重之后，采集企业 IT 服务管理能力各二级指标的评价信息，对这些评价信息加权后线性相加，按照如下计算公式，分别计算出人工服务能力、系统服务能力、服务规划能力、服务设计能力、服务运营能力、服务优化能力及综合服务管理能力的得分，全面反映企业 IT 服务管理在这一时期的能力水平。

$$\text{HSCS}^{①} = \sum_{i=1}^{5} W_{1i} \times C_{1i}$$

$$\text{SSCS}^{②} = \sum_{i=1}^{2} W_{2i} \times C_{2i}$$

$$\text{SPCS}^{③} = \sum_{i=1}^{3} W_{3i} \times C_{3i}$$

$$\text{SDCS}^{④} = \sum_{i=1}^{4} W_{4i} \times C_{4i}$$

① HSCS：human service capability score，人工服务能力得分。

② SSCS：system service capability score，系统服务能力得分。

③ SPCS：service planning capability score，服务规划能力得分。

④ SDCS：service design capability score，服务设计能力得分。

$$\text{SOPECS}^{①} = \sum_{i=1}^{5} W_{5i} \times C_{5i}$$

$$\text{SOPTCS}^{②} = \sum_{i=1}^{2} W_{6i} \times C_{6i}$$

$$\text{CSMCS}^{③} = W_1 \times \text{HSCS} + W_2 \times \text{SSCS} + W_3 \times \text{SPCS} + W_4 \times \text{SDCS} + W_5 \times \text{SOPECS} + W_6 \times \text{SOPTCS}$$

其中，W_i 为各能力评价指标对应权重；C_{ji} 为第 j 个能力对应的第 i 个二级评价指标得分；W_{ji} 为第 j 个能力对应的第 i 个二级评价指标权重。

课题组与上海翰纬信息科技有限公司合作，以佛山供电局等客户企业为试点，将企业 IT 服务管理能力评价模型等理论研究成果应用于其客户企业的 IT 服务管理实践中。这些试点工作包括：企业 IT 服务管理现状分析；巩固和完善 IT 服务管理流程；IT 服务管理能力评价模型适用性调查；针对企业 IT 服务管理能力的评价系统应用；建设针对 IT 服务管理能力的评价监控系统；推广 IT 服务管理能力提升策略；展开 IT 服务管理能力体系培训。以佛山供电局为例，根据其 IT 服务管理实践，结合本文所提出的企业 IT 服务管理能力评价指标及评价模型设计与开发了针对 IT 服务管理能力的评价系统，将该评价系统应用于佛山供电局的 IT 服务管理实践中。

4.2 基于动态视角的 IT 服务管理能力评价模型

鉴于 IT 服务管理能力提升是一个持续改善的过程，本文认为只从静态视角来构建 IT 服务管理能力评价模型是不够的，还应从动态视角来进一步构建 IT 服务管理评价模型[30]。在此，将每一时期分为两个阶段，第一个阶段的投入是 IT 服务管理成本和 IT 服务管理参与人数，产出是运作竞争力，第二个阶段的投入是 IT 服务管理成本、IT 服务管理参与人数与运作竞争力，产出是商业产出（图 2）。

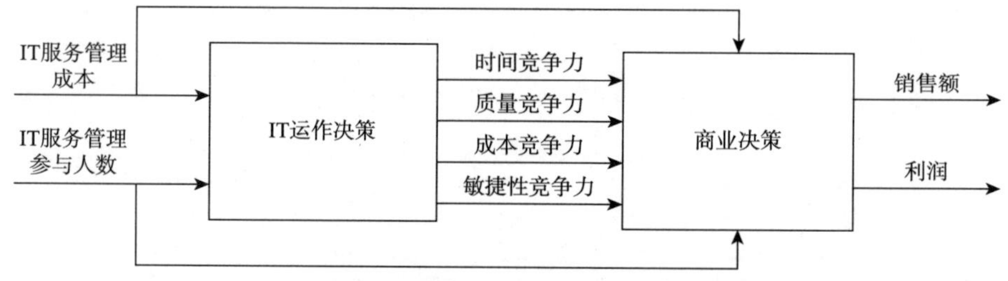

图 2　基于动态视角的 IT 服务管理能力评价模型

根据 IT 服务管理产出的延迟性，开发了新的动态两阶段 DEA（data envelopment analysis，数据包络分析）评价方法。假设选取 s 个实施 IT 服务管理的企业作为评价决策单元。在 IT

① SOPECS：service operation capability score，服务运营能力得分。
② SOPTCS：service optimize capability score，服务优化能力得分。
③ CSMCS：combined service management capability score，综合服务管理能力得分。

运作决策阶段中，每个决策单元都有 m 种输入，q 种输出。在商业决策阶段中，每个决策单元有 $m+q$ 种输入，有 n 种输出。第 j 个决策单元的第 i 项输入为 $x_{ij}(i=1,2,\cdots,m)$，第 r 项输出为 $y_{rj}(r=1,2,\cdots,n)$，第 p 项中间输出为 $z_{pj}(p=1,2,\cdots,q)$，决策单元的输入、中间输出、最终输出向量为 $X_j=(x_{1j},x_{2j},\cdots,x_{mj})^{\mathrm{T}}$，$Z_j=(z_{1j},z_{2j},\cdots,z_{qj})^{\mathrm{T}}$，$Y_j=(y_{1j},y_{2j},\cdots,y_{nj})^{\mathrm{T}}$，权重分别为 $U=(u_1,u_2,\cdots,u_m)^{\mathrm{T}}$，$W=(w_1,w_2,\cdots,w_q)^{\mathrm{T}}$，$V=(v_1,v_2,\cdots,v_n)^{\mathrm{T}}$，同时假设 $(\alpha_1,\alpha_2,\cdots,\alpha_m)$ 为第 j 个决策单元在 IT 运作决策单元的输入比例。

决策单元在 IT 运作决策阶段，评价指数模型如下：

$$
\begin{aligned}
&\max \frac{W^{\mathrm{T}}Z_k}{U^{\mathrm{T}}(\alpha X_k)}\\
&\text{s.t.}\\
&\frac{W^{\mathrm{T}}Z_j}{U^{\mathrm{T}}(\alpha X_j)}\leqslant 1,\ j=1,2,\cdots,s\\
&0\leqslant\alpha\leqslant e\\
&U\geqslant 0,\ W\geqslant 0
\end{aligned}
$$

决策单元在商业决策阶段，评价指数模型如下：

$$
\begin{aligned}
&\max \frac{V^{\mathrm{T}}Y_k}{U^{\mathrm{T}}((e-\alpha)X_k)+W^{\mathrm{T}}Z_k}\\
&\text{s.t.}\\
&\frac{V^{\mathrm{T}}Y_j}{U^{\mathrm{T}}((e-\alpha)X_j)+W^{\mathrm{T}}Z_j}\leqslant 1,\ j=1,2,\cdots,s\\
&0\leqslant\alpha\leqslant e\\
&U\geqslant 0,\ W\geqslant 0,\ V\geqslant 0
\end{aligned}
$$

假设 λ 是 IT 运作决策阶段的重要性，则（$1-\lambda$）是商业决策阶段的重要性，进一步得到如下非线性规划模型：

$$
\begin{aligned}
&\max \lambda\frac{W^{\mathrm{T}}Z_k}{U^{\mathrm{T}}(\alpha X_k)}+(1-\lambda)\frac{V^{\mathrm{T}}Y_k}{U^{\mathrm{T}}((e-\alpha)X_k)+W^{\mathrm{T}}Z_k}\\
&\text{s.t.}\\
&\frac{W^{\mathrm{T}}Z_j}{U^{\mathrm{T}}(\alpha X_j)}\leqslant 1,\ j=1,2,\cdots,s\\
&\frac{V^{\mathrm{T}}Y_j}{U^{\mathrm{T}}((e-\alpha)X_j)+W^{\mathrm{T}}Z_j}\leqslant 1,\ j=1,2,\cdots,s\\
&0\leqslant\alpha\leqslant e\\
&U\geqslant 0,\ W\geqslant 0,\ V\geqslant 0
\end{aligned}
$$

以上模型捕获了 IT 服务管理投入产出的动态关系和不同决策单元的效率，并通过实证检验评估了 86 个实施 IT 服务管理的企业样本，计算企业排名和效率的变化，以期为优化企业 IT 服务管理能力提供理论支持。

5　企业 IT 服务管理能力优化模型构建

本文在企业 IT 服务管理能力评价模型研究的基础上，进一步构建有效的 IT 服务管理能力优化模型，以此提出企业 IT 服务管理能力优化策略，确保企业从 IT 服务管理中获得所期望的价值。考虑到企业 IT 服务管理整个生命周期过程具有时间跨度长、涉及面广等特点，将企业 IT 服务管理生命周期划分为企业 IT 服务管理采纳、实施与吸收这三个阶段，与此相应，分别构建企业 IT 服务管理采纳能力优化模型、实施能力优化模型与吸收能力优化模型。这些能力优化模型构建过程及研究结果如下。

5.1　企业 IT 服务管理采纳能力优化模型

根据企业 IT 服务管理的特点，对技术接受模型（technology acceptance model，TAM）进行修正，将利益共识、自愿性、内外部支持与转移成本纳入考量，建立 IT 服务管理采纳能力优化的理论模型（图 3）。

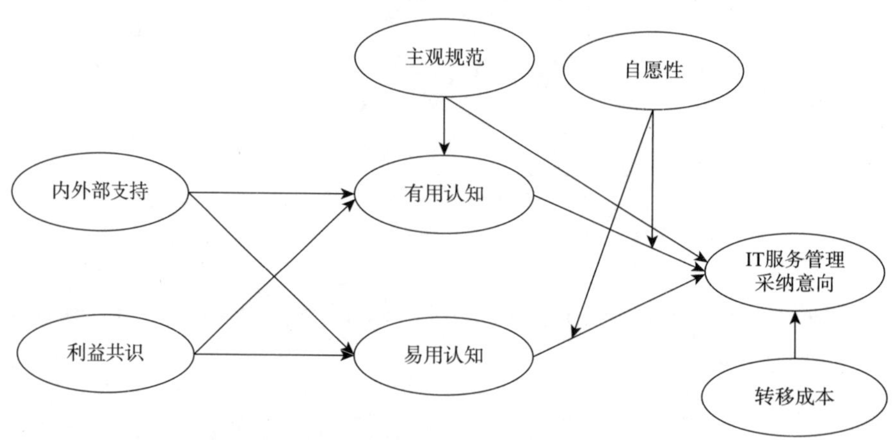

图 3　企业 IT 服务管理采纳能力优化模型

对图 3 所涉及的变量进行数据收集，在国内知名 IT 服务管理咨询机构的数据库中，挑选出 28 家愿意参与数据收集的企业，向终端用户发放问卷 320 份，共回收 271 份。采用结构方程模型对 271 份问卷进行数据分析，分析结果显示：利益共识与内外部支持显著正向影响 IT 服务管理的易用认知与有用认知，主观规范、有用认知与易用认知显著正向影响 IT 服务管理采纳意向，自愿性显著正向调节有用认知与 IT 服务管理采纳意向之间的关系[31]。根据该分析结果，提出以下企业 IT 服务管理采纳能力优化策略：①举办培训、宣讲等活动提升对企业 IT 服务管理的认知；②在系统选型时，企业应重视系统的可操作性与易用性；③企业应采取一定的激励手段，使得用户自愿接受 IT 服务管理。

5.2 企业 IT 服务管理实施能力优化模型

考虑到 IT 服务管理实施过程总是伴随着组织结构、薪酬福利等方面的变化，直接或者间接触及用户的切身利益，导致用户抵制 IT 服务管理实施的行为时常发生，亟须通过企业 IT 服务管理实施过程中用户抵制行为的规避，提升 IT 服务管理实施的成功率。根据用户抵制相关文献，IT 服务管理实施过程中的用户抵制主要来源于工作不安全感与不确定性主观感知，有必要探究工作不安全感与不确定性主观感知对用户抵制 IT 服务管理实施的影响，构建企业 IT 服务管理实施能力优化模型。

首先，以情感事件理论与压力-情绪理论为基础，探究工作不安全感对 IT 服务管理实施过程中用户抵制的影响，重点分析消极情绪与积极情绪的中介作用与不确定性规避的调节效应，从工作不安全感这一视角出发，构建企业 IT 服务管理实施能力优化模型（图 4）。

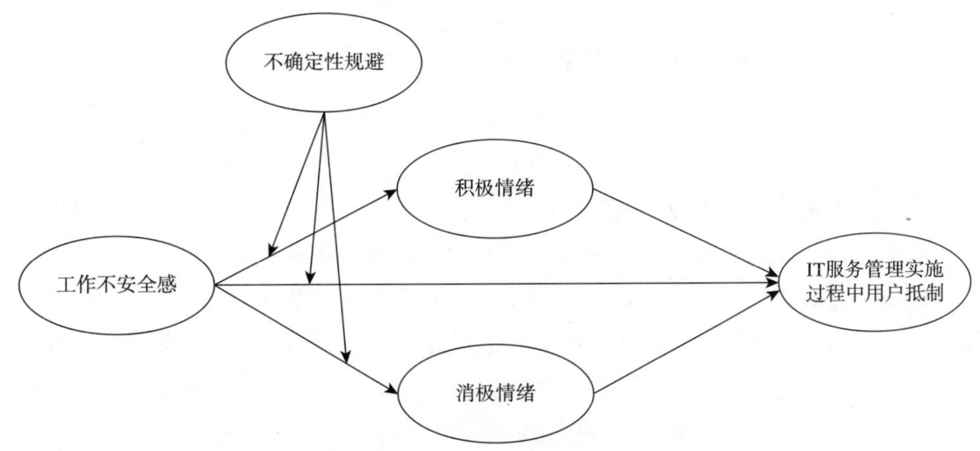

图 4　工作不安全感驱动的企业 IT 服务管理实施能力优化模型

在郑州、武汉、安阳与许昌等地的 12 家企业中，对图 4 所涉及的变量进行配对数据收集。其中，终端用户需要回答受教育程度、年龄、性别、不确定性规避、工作不安全感、消极情绪与积极情绪相关测度项，直接主管需要回答用户抵制相关测度项，发放问卷 350 份，共回收 266 份。采用层次回归分析对 266 份问卷进行数据分析，分析结果显示：工作不安全感显著正向影响用户抵制，消极情绪与积极情绪在工作不安全感和用户抵制的关系中起到完全中介的作用，不确定性规避在工作不安全感和积极情绪之间关系中起负向调节作用，在工作不安全感与用户抵制之间关系中起正向调节作用[32]。根据该分析结果，提出以下企业 IT 服务管理实施能力优化策略：①创造稳定的企业工作环境，如技能培训、提升人-岗匹配度等；②做好情绪疏导工作，如增强应对压力的心理承受能力、缓解用户焦虑的心态；③对不同个性特征的用户，采取不同的策略，提升 IT 服务管理实施的成功率。

其次，从公平-实施模型出发，探究不确定性主观感知对 IT 服务管理实施过程中用户抵制的影响，重点分析消极情绪的中介作用与惰性的调节效应，从不确定性主观感知这一视角出发，构建企业 IT 服务管理实施能力优化模型（图 5）。

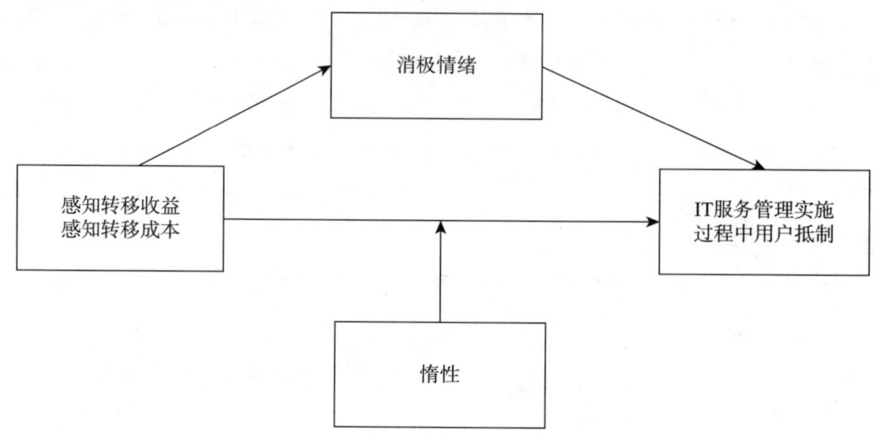

图 5　不确定性主观感知驱动的企业 IT 服务管理实施能力优化模型

对图 5 所涉及的变量进行数据收集，在国内知名 IT 服务管理咨询机构的数据库中，挑选出 30 家愿意参与数据收集的企业，向终端用户发放问卷 450 份，共回收 308 份。采用层次回归分析等方法对 308 份问卷进行数据分析，分析结果显示：感知转移收益负向影响用户抵制，感知转移成本正向影响用户抵制，消极情绪部分中介感知转移成本、感知转移收益与用户抵制之间的关系，惰性显著调节感知转移成本、感知转移收益与用户抵制之间的关系[33]。根据该分析结果，提出以下企业 IT 服务管理实施能力优化策略：①通过培训增强用户对 IT 服务管理的认知，降低 IT 服务管理实施带来的不确定性，并提升用户的相关技能，增强自我效能感；②做好消极情绪的疏导工作，必要时采取一些干预性的手段；③对不同惰性程度的用户，采取不同的策略，提升 IT 服务管理实施的成功率。

5.3　企业 IT 服务管理吸收能力优化模型

IT 服务管理吸收强调 IT 服务管理与业务流程的融合程度，企业要想从 IT 服务管理中获得效益，有效的途径之一就是提升 IT 服务管理吸收的成功率。按照文献[33]的观点，高层管理支持与 IT 资源是 IT 服务管理吸收的两类重要前因，有必要探究高层管理支持与 IT 资源对 IT 服务管理吸收的影响，构建企业 IT 服务管理吸收能力优化模型。

首先，以高阶理论为基础，探究 CEO（chief executive officer，首席执行官）支持这一高层管理支持对企业 IT 服务管理吸收的影响，重点分析 IT 基础设施资源与 IT 人力资源这两类 IT 资源的中介作用，从 CEO 支持这一视角出发，构建企业 IT 服务管理吸收能力优化模型（图 6）。

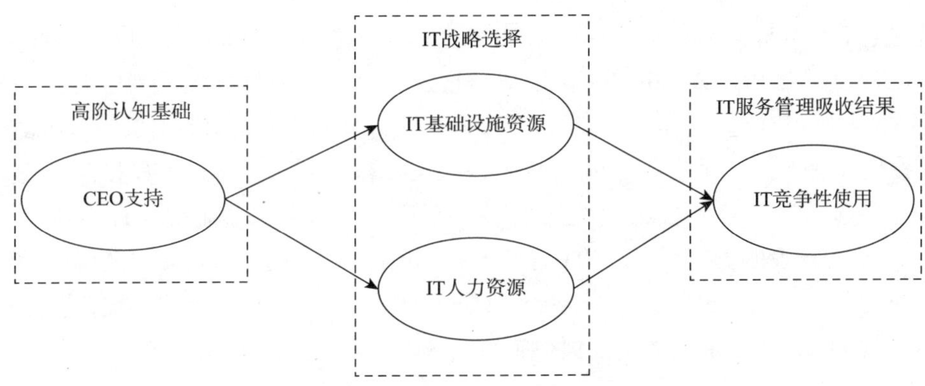

图 6 CEO 支持驱动的企业 IT 服务管理吸收能力优化模型

对图 6 所涉及的变量进行数据收集，在亚洲、美洲与欧洲等地挑选 220 家愿意参与数据调研的企业，向其 IT 主管发放问卷 220 份，共回收 111 份。采用层次回归分析等方法对 111 份问卷进行数据分析，分析结果显示：IT 人力资源在 CEO 支持与 IT 服务管理吸收之间起部分中介作用，而 IT 基础设施资源在 CEO 支持与 IT 服务管理吸收之间不起中介作用。根据该分析结果，提出以下企业 IT 服务管理吸收能力优化策略：①相比于 IT 基础设施资源，更应加强 IT 人力资源的建设，建立系统的培训体系，增强 IT 人力资源的效用；②应重视 CEO 支持通过 IT 资源对 IT 服务管理吸收的影响，学会利用 CEO 支持提升 IT 服务管理吸收的成功率。

其次，从 IT 价值创造理论出发，探究 IT 资源对 IT 服务管理吸收的影响，重点分析 IT 管理的中介作用及 CEO 支持的调节效应，从 IT 资源这一视角出发，构建企业 IT 服务管理吸收能力优化模型（图 7）。

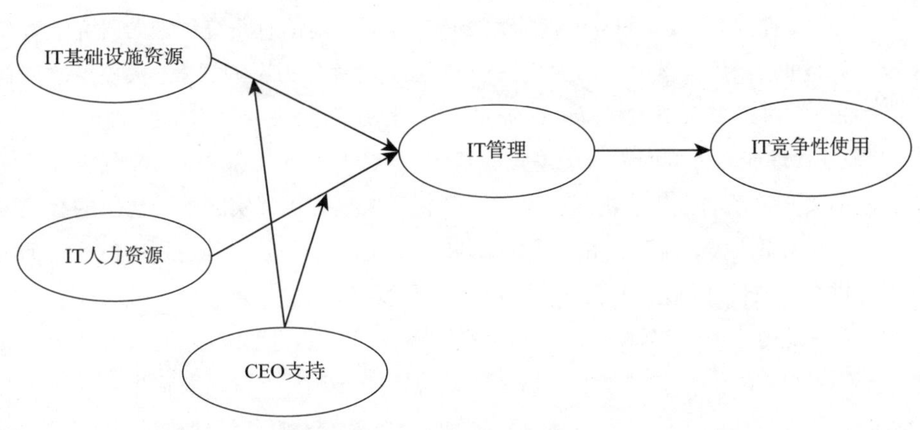

图 7 IT 资源驱动的企业 IT 服务管理吸收能力优化模型

对图 7 所涉及的变量进行数据收集，在亚洲、美洲与欧洲等地挑选 220 家愿意参与数据调研的企业，向其 IT 主管发放问卷 220 份，共回收 111 份。采用层次回归分析等方法对 111

份问卷进行数据分析，分析结果显示：IT 基础设施资源与 IT 人力资源均可以通过 IT 管理影响 IT 服务管理吸收结果，其中 CEO 支持显著增强 IT 人力资源与 IT 管理间的关系，也能显著减弱 IT 基础设施资源与 IT 管理间的关系，间接影响 IT 服务管理吸收结果[34]。根据该分析结果，提出以下企业 IT 服务管理吸收能力优化策略：①企业在提升 IT 服务管理吸收效果时，求助于 IT 基础设施资源与 IT 人力资源通常是一种有效的手段；②企业应在 IT 基础设施资源与 IT 人力资源建设的基础上，提高 IT 管理水平，如保持 IT 的模块化与无缝链接；③当 CEO 支持强度比较弱时，应更加重视 IT 基础设施资源的建设，而当 CEO 支持强度比较强时，则应更加重视 IT 人力资源的建设，促进企业 IT 服务管理吸收的成功。

6 总结与展望

作为一类以客户为中心、以流程为导向的 IT 管理方法论，IT 服务管理已经被各个国家普遍接受并采用。而在我国，随着工业和信息化部信息化和软件服务业司于 2010 年编写的《中国信息技术服务标准（ITSS）白皮书》（第一版）正式发布，有越来越多的企业采用 IT 服务管理，势必会掀起新一轮的信息化管理变革。因此，考虑到我国企业 IT 服务管理能力亟须提升，本文在企业 IT 服务管理能力影响因素分析的基础上，构建了企业 IT 服务管理能力评价指标体系、评价模型与优化模型，完善企业 IT 服务管理能力优化策略，为企业 IT 服务管理相关理论与企业实践提供了参考依据。

然而，与快速增长的需求相比，关于 IT 服务管理能力的研究成果并不多见，深入探究 IT 服务管理能力评价与优化模型的研究更有待完善。本文未来的研究还可以从以下方面着手考虑。

首先，进一步探究企业 IT 服务管理能力影响因素。目前信息系统领域的研究学者多选取单个或者少数企业，采用案例分析的方式识别 IT 服务管理能力影响因素，大规模的调查研究较少，未来的研究可以多采用大规模调查研究的方式，探究 IT 服务管理能力影响因素。第一，在全面 IT 服务管理能力影响因素清单建立的基础上，应加强对干系人类、流程类和技术类影响因素之间的关联关系的分析，构建因果关系图，形成具有更强实践指导意义的影响因素清单。第二，加强干系人类、流程类和技术类影响因素对 IT 服务管理能力影响的实证研究，有利于管理者更有针对性地制定 IT 服务管理能力提升策略。

其次，进一步构建企业 IT 服务管理风险评价模型，从能力优化与风险规避两个方面提升企业 IT 服务管理的应用效果。虽然 IT 服务管理界定了各流程的输入及输出，各流程对应的 IT 活动，但是缺少具体的实施步骤引导流程的实施。此外，IT 服务管理通过新旧流程的切换，势必会涉及员工培训、文化变迁、组织变革等一系列复杂的活动，风险性因素非常多。未来的研究如能识别 IT 服务管理实施过程中的团队风险、技术风险、需求风险、用户风险及组织风险等，构建企业 IT 服务管理风险评价模型，有针对性地制定风险规避策略，结合 IT 服务管理能力提升策略，势必能提升 IT 服务管理实施成功率。

最后，进一步完善企业 IT 服务管理能力优化策略。未来的研究应在企业 IT 服务管理能力优化模型的基础上，细化企业 IT 服务管理能力优化决策规则，识别企业 IT 服务管理能力优化的组合策略。

参考文献

[1] Liu H，Wei S，Ke W，et al. The configuration between supply chain integration and information technology competency：a resource orchestration perspective[J]. Journal of Operations Management，2016，44（5）：1-17.

[2] Zarnekow R，Brenner W，Pilgram U. Integrated Information Management：Apply Successful Industrial Concepts in IT[M]. Berlin：Springer，2006.

[3] 左天祖. 中国 IT 服务管理指南[M]. 北京：北京大学出版社，2005.

[4] 张亚军，张金隆，陈江涛. IT 服务管理研究述评及未来展望[J]. 情报杂志，2013，32（6）：95-99.

[5] 刘志亮. 企业 IT 服务质量评价模型及其应用研究[D]. 华中科技大学博士学位论文，2013.

[6] Bon J V，Pondman D，Kemmerling G. IT Service Management：An Introduction[M]. Hertogenbosch：Van Haren Publishing，2002.

[7] 孙强，左天祖，刘伟. IT 服务管理——概念，理解与实施[M]. 北京：机械工业出版社，2004.

[8] Pollard C，Cater-Steel A. Justifications，strategies，and critical success factors in successful ITIL implementations in US and Australian companies：an exploratory study[J]. Information Systems Management，2009，26（2）：164-175.

[9] Iden J，Langeland L. Setting the stage for a successful ITIL adoption：a Delphi study of IT experts in the Norwegian armed forces[J]. Information Systems Management，2010，27（2）：103-112.

[10] Tan W G，Cater-Steel A，Toleman M. Implementing IT service management：a case study focusing on critical success factors[J]. Journal of Computer Information Systems，2009，50（2）：1-12.

[11] Cater-Steel A，Tan W G，Toleman M. ItSMF Australia 2008 Conference：Summary of ITSM Standards and Frameworks Survey Responses[C]. University of Southern Queensland，Unpublished，2009.

[12] Huang S J，Wu M S，Chen L W. Critical success factors in aligning IT and business objectives：a Delphi study[J]. Total Quality Management & Business Excellence，2012，（1）：1-22.

[13] Spremic M，Zmirak Z，Kraljevic K. IT and Business Process Performance Management：Case Study of ITIL Implementation in Finance Service Industry[C]. IEEE，2008：243-250.

[14] Wu M S，Huang S J，Chen L W. The preparedness of critical success factors of IT service management and its effect on performance[J]. The Service Industries Journal，2011，31（8）：1219-1235.

[15] McNaughton B，Ray P，Lewis L. Designing an evaluation framework for IT service management[J]. Information & Management，2010，47（4）：219-225.

[16] 张亚军，张金隆，陈江涛. 企业内外部支持对 ITSM 成功实施的影响机制[J]. 工业工程与管理，2013，18（5）：105-111.

[17] 张亚军，张金隆，陈江涛，等. 内外部支持与 ITSM 成功实施——任务复杂性和互依性的调节作用[J]. 工业工程与管理，2014，（4）：42-49.

[18] 黎慧玲，张金隆. IT 服务管理能力成熟度模型研究[J]. 统计与决策，2014，（10）：177-180.

[19] 徐东涛. 基于拓展 DEMATEL 方法的 ITIL 关键流程识别研究[D]. 华中科技大学硕士学位论文，2017.

[20] 毛弘毅，张金隆. 多层次信息技术能力与组织竞争优势的研究[J]. 管理学报，2014，（2）：288-292.

[21] Mao H，Liu S，Zhang J，et al. Information technology resource，knowledge management capability，and competitive advantage：the moderating role of resource commitment[J]. International Journal of Information Management，2016，36（6）：1062-1074.

[22] Mao H，Shan S，Zhang J. How the effects of IT and knowledge capability on organizational agility are contingent on environmental uncertainty and information intensity[J]. Information Development，2015，31（4）：358-382.

[23] Zhang Y，Zhang J，Chen J. Critical Success Factors in IT Service Management Implementation：People，Process，and Technology Perspectives[C]. 2013 International Conference on Service Science，Shenzhen，2013.

[24] 张亚军. 项目干系人对 ITSM 成功实施的影响研究[D]. 华中科技大学博士学位论文，2014.

[25] Pitt L F，Watson R T，Kavan C B. Service quality：a measure of information systems effectiveness[J]. MIS Quarterly，1995，19（2）：173-187.

[26] DeLone W H，McLean E R. The DeLone and McLean model of information systems success：a ten-year update[J]. Journal of Management Information Systems，2003，19（4）：9-30.

[27] Liu Z，Zhang J. An enterprise IT service quality model based on service（EISQM）interaction and it's empirical research[J]. Cybernetics and Information Technologies，2013，13：167-177.

[28] Bullinger H，Fähnrich K，Meiren T. Service engineering—methodical development of new service products[J]. International Journal of Production Economics，2003，85（3）：275-287.

[29] Aurich J C，Fuchs C，Devries M F. An approach to life cycle oriented technical service design[J]. CIRP Annals-Manufacturing Technology，2004，53（1）：151-154.

[30] 刘嘉文. 零售企业可持续供应链运作绩效模型研究[D]. 华中科技大学博士学位论文，2018.

[31] 陈江涛，张亚军. 企业 ITSM 实施中用户使用意向研究：TAM 的修正与应用[J]. 科技管理研究，2014，（24）：199-203.

[32] 张亚军，张金隆，张军伟. 工作不安全感对用户抵制信息系统实施的影响[J]. 管理科学，2015，28（2）：80-92.

[33] 张亚军，张金隆，刘文兴，等. 信息系统前实施阶段用户抵制影响因素的实证分析[J]. 管理评论，2015，27（5）：82-91.

[34] 高沛然. 面向组织的 IT 吸收模型研究[D]. 华中科技大学博士学位论文，2017.

Evaluation and Optimization Model on IT Service Management Capability

Zhang Jinlong[1,2], Gao Peiran[1,2], Wu Shan[1,2]

(1. School of Management, Huazhong University of Science and Technology, Wuhan 430074, China; 2. Research Center for Modern Information Management, Huazhong University of Science and Technology, Wuhan 430074, China)

Abstract: With the deepening of informationization, traditional IT management methods, such as the management of software and hardware system, couldn't meet the requirement of business information management. Basically, the large number of services, service components and resources involved, leads to an increased complexity of tasks in IT service management and requires additional tool support. Therefore, how to evaluate and optimize the capability of IT service management has become one of the problems for numerous enterprises. Based on the research findings of influencing factors, this paper develops IT service management capability index systems, evaluation models and optimization models, so as to provide important reference for practical activities.

Keywords: business information management; IT service management; capability evaluation; capability optimization

基于物联网的设施果业智能管控系统与示范工程*

李皓[1,2]，阮俊虎[3]，胡祥培[4]，肖红喜[5]，冯晓春[3]

（1.西北农林科技大学 机械与电子工程学院，杨凌 712100；2.杨凌乾泰电子科技有限责任公司，杨凌 712100；3.西北农林科技大学 经济管理学院，杨凌 712100；4.大连理工大学 经济管理学院，大连 116024；5.西安市果业技术推广中心，西安 710000）

摘要：采用物联网、智能装备、无人机、云服务、专家建模等技术与理念，对设施果业智能管控系统进行需求分析与总体设计，开发了智慧果园物联网服务平台、数据中心和八大应用系统。具体应用系统包括中央控制中心、Wi-Fi覆盖及视频监控系统、水肥灌溉远程控制系统、温室智能监控系统、果园农情远程监测系统（自动气象监测、土壤墒情监测、植物生理量监控、智能虫情监测）、无人机高清图像采集系统、专家远程诊断系统、自助观光服务系统。以西安市果业技术推广中心的西安现代果业展示中心智慧果园推广集成示范项目为案例，进行系统实施与示范。

关键词：物联网；设施果业；智能管控；示范工程

2019年2月底，中共中央、国务院，中共中央办公厅、国务院办公厅相继印发了《中共中央 国务院关于坚持农业农村优先发展做好“三农”工作的若干意见》《关于促进小农户和现代农业发展有机衔接的意见》，分别指出“实施数字乡村战略。深入推进‘互联网+农业’，扩大农

---

*基金项目：国家自然科学基金重点项目“物联网环境下基于情景的在线智能调度优化方法”（71531002）；国家自然科学基金创新研究群体项目“新兴电子商务的信息与物流管理”（71421001）；国家自然科学基金面上项目“生鲜农产品物联网电商：种植户‘认知-意愿’及需求驱动的运作模式研究”（71973106）；国家自然科学基金青年项目“电商模式下基于成熟度的鲜果采摘与发货联合决策研究”（71703122）；教育部人文社会科学研究青年基金资助项目“考虑成熟度的鲜果B2C电商物流配送优化研究——以陕西省猕猴桃为例”（16YJC630102）；西安市科技计划项目“西安现代果业展示中心智慧果园推广集成示范”（2017050NC/NY003）。

作者简介：李皓（1988—），男，陕西西安人，杨凌乾泰电子科技有限责任公司总经理，硕士，研究方向：农业工程。胡祥培（1962—），男，安徽绩溪人，大连理工大学经济管理学院教授，博士，研究方向：电子商务与物流管理。肖红喜（1969—），男，陕西西安人，西安市果业技术推广中心主任，高级工程师，研究方向：果品生产贮藏技术。冯晓春（1989—），女，陕西凤翔人，西北农林科技大学经济管理学院讲师，博士，研究方向：农产品电子商务与物流管理。

通信作者：阮俊虎（1983—），男，河南沈丘人，西北农林科技大学党委组织部副部长，经济管理学院副教授，博士，研究方向：农业运营管理。

业物联网示范应用。推进重要农产品全产业链大数据建设，加强国家数字农业农村系统建设”和“实施互联网+小农户计划。加快农业大数据、物联网、移动互联网、人工智能等技术向小农户覆盖，提升小农户手机、互联网等应用技能，让小农户搭上信息化快车”[1，2]。在实践方面，2018年11月，盒马鲜生与阿里云 IoT 发布了 IoT 有机蔬菜安全溯源项目[3]，京东、网易和腾讯等互联网巨头也都先后宣布将物联网技术应用于种植业与养殖业。可见，随着移动互联网、物联网和大数据等技术在我国农业农村中的普及应用，新的农业种植与经营模式会不断涌现[4-8]。

考虑现代果业生产对智能化管控技术的数据需求以及都市生态旅游的兴起，项目团队以建成集果业生产技术科学研究、生产管理技术应用示范、都市果业生态旅游、果业知识科普教育为一体的综合性现代化园区为根本目标，采用物联网、遥感、信息通信、无人机、智能装备、云服务、专家建模等先进技术与理念，对设施果业智能管控系统进行分析与设计，并以西安市果业技术推广中心的西安现代果业展示中心智慧果园推广集成示范项目为例，进行了系统实施与示范。在园区内部署环境监测、实景监控、虫情监测、物联网远程控制、发光二极管（light emitting diode，LED）集中展示屏等技术装备，开发了智慧果园物联网服务平台及智能手机 APP 等软件系统，通过系统集成、数据融合、专家模型、智能决策技术手段，全力打造出全国领先、引领西安的现代果业展示样板与通用复杂管理应用方案。

1 需求分析与总体设计

1.1 项目背景

西安现代果业展示中心是西安市农业委员会2010年重点建设的三个现代农业展示中心之一。园区位于 107 省道长安段鸭池口村，占地 180 亩（1 亩≈666.67 平方米），是秦岭北麓生态旅游板块，该板块以沿山旅游公路为连线，以野生动物园、南五台、翠华山等风景区为依托，生态环境优越，地势平坦，土壤肥沃。目标是建成水电、道路、绿化等基础设施完备，科研、示范、推广、培训功能齐全，集果树资源收集保护、良种良法试验示范区和新优品种苗木繁育、果业文化展示等于一体的现代果业示范园区。2017 年，西安市果业技术推广中心通过了西安现代果业展示中心智慧果园推广集成示范项目的审批，2018 年完成项目实施。

该项目以创新、协调、绿色、开放、共享五大发展理念为引领，以推进信息化与农业现代化融合发展为方向，主动顺应创新驱动以及未来智慧驱动的产业趋势，积极探索“互联网+”现代农业的实现路径，推动信息化技术加速应用于农业现代化建设的全领域、全方位、全过程，为加快陕西果业发展添加生机和活力。

1.2 需求分析

根据对设施果业的调研分析，我们设计了由综合管理云平台、数据中心和多个应用子系统构成的设施果业智能管控系统。以“数字化、信息化、专业化、标准化”高度融合为目标，以实现工程管理一体化、信息集成化、应用展示多样化为原则，构建出一个智慧农业管理云平台和数据中心，进而设计了具体应用子系统，包括中央控制中心、Wi-Fi 覆盖及视频监控系统、水肥灌溉远程控制系统、温室智能监控系统（包括连栋温室与日光温室）、果园农情远程监测系统（包括自动气象监测、土壤墒情监测、植物生理量监控、智能虫情监测）、无人机高清图像采集系统、专家远程诊断系统、自助观光服务系统。这些子系统通过网络与平台进行信息交互，平台通过数据中心完成各类信息组织管理，在融合处理的基础上实现信息综合展示、统计分析、预警预报、远程控制与生产指导等功能。

依据对云平台和各子系统的具体分析，形成的功能需求如下。

（1）物联网综合管理云平台下含有八个子系统，每个子系统都可以成为一个独立运行的分系统。所有系统所采集的数据信息和视频信息都会在管理云平台中进行处理，通过展示中心在显示屏上呈现出来。

（2）全园区将铺设光纤，利用视频监控、无人机的巡航、各种传感器对大气环境、土壤及果树进行监测，实时通过手机终端、计算机、液晶拼接展示屏等信息终端向监管者推送实时监测信息、报警信息。

（3）水肥灌溉远程控制系统帮助园区对作物按需灌溉，定量施肥，降低了生产原料和人工成本，提高效率，达到高效高产、增加收益。

（4）温室智能监控系统实现温室大棚信息化、智能化远程管理，保证温室大棚内环境最适宜作物生长，实现精细化的管理，为作物的高产、优质、高效、生态、安全创造条件，实现果品生产过程全程追溯标准化管理。

（5）果园农情远程监测系统将对果园小气候、墒情、虫情及时进行预警和监测，达到提早预警，及时防控，能增加果品的产量，提升品质。

（6）采用无人机定期巡航园区，收集不同作物不同物候期视频，用于远程病虫害诊断、生产指导。

（7）专家远程诊断系统可以为果业专家和果业种植户提供一个交流的平台。在果业种植过程中所遇到的所有问题，都可以通过这个系统进行咨询和视频交流。

（8）自助观光服务系统为游客提供快速了解园区新品种、新技术的渠道。

1.3 总体设计

根据需求分析和园区现有设施条件，结合农业信息化、物联网、智能装备的最新技术成果，项目设计一个智慧果园物联网服务平台+八大应用管理与功能展示子系统（图 1），实现园区环境信息精准感知、设施环境智能调控、遥感信息专题展示、灾害预警预报、园区观光与集中展示等多个维度的提升，利用新技术、新思路、新模式强力打造出一个国内领先的都市、休闲、科研、观光的应用示范典型。

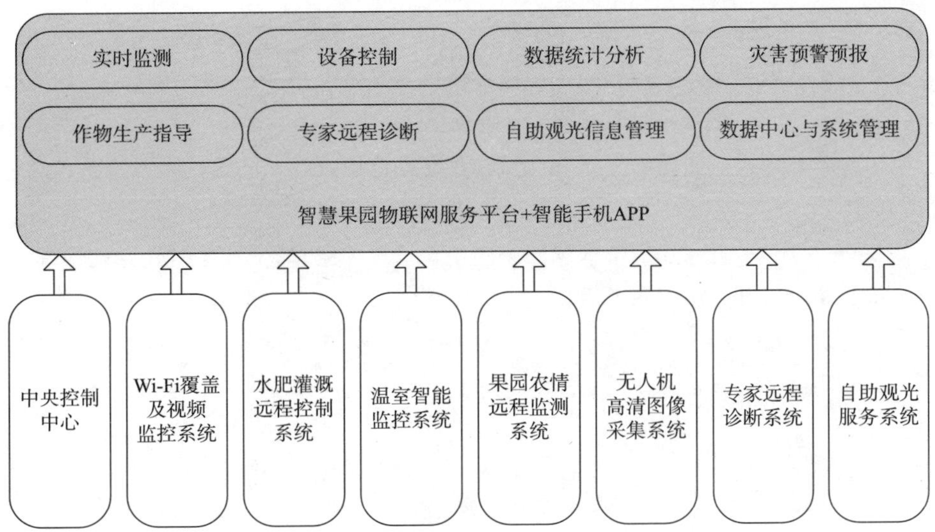

图 1 智慧果园系统总体功能设计

该系统的总体网络结构分为四个层次，如图 2 所示。

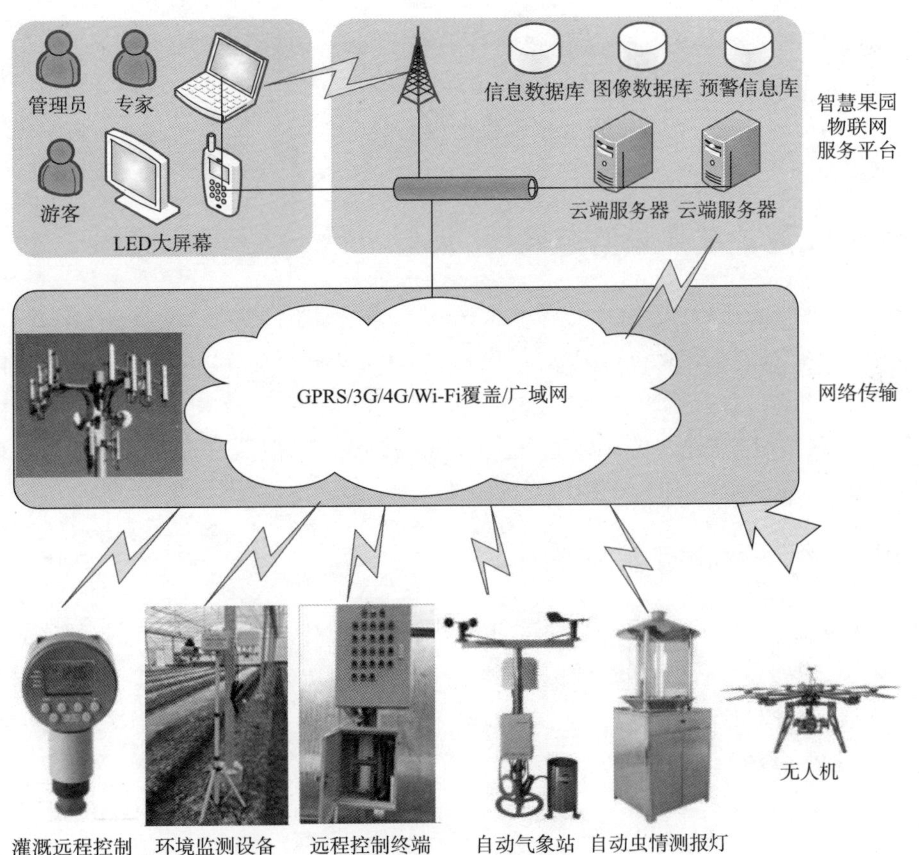

图 2 智慧果园系统总体网络设计

（1）底层设备层：主要包含园区内规划部署的环境感知、远程控制、实景监控、病虫害监测、遥感信息获取设备，承担感知、传输、执行等具体工作。

（2）网络传输层：在园区部署 Wi-Fi 全覆盖基站设备，为园区底层设备及用户提供 Wi-Fi 接入。同时包含专用设备使用的 ZigBee、GPRS 等网络协议，共同完成数据传输、信息交互任务。

（3）云端服务平台层：在云端开发部署应用系统及数据库集群，实现信息的管理、分析、处理、决策与执行，并完成对各类用户的精准服务。

（4）果园管理与展示层：通过平台软件界面、APP 及展示中心的打造，为用户提供先进、便捷、多角度的果园管理方式，同时为参观、科普、展示提供良好的操作平台。

2　模块设计与实施

2.1　中央控制中心

搭建的智慧果园云平台将在展示控制中心呈现，包括一套物联网服务管理平台软件，12 块 55 英寸、1.7 毫米边框、3.5 毫米拼接缝的 LCD（liquid crystal display，液晶显示器）拼接屏，控制中心大屏配置为 3×4 块 55 英寸 LCD 拼接屏，控制中心配备 43 英寸触摸一体机一台，实现控制信号切换，西安市果业技术推广中心会议室配备 70 英寸落地触摸一体机，实现专家远程监管。

2.2　Wi-Fi 覆盖及视频监控系统

项目在全园区范围内构建完善了视频监控系统，用于园区安防监控、作物生长状态监控、园区整体展示及 Wi-Fi 无死角全覆盖，其中包含：400 万像素星光级红外筒型网络摄像机、300 万像素星光级红外智能网络高清球机、1 600 万像素 360° 鹰眼全景网络高清摄像机、2.4G/5.8G 双频 Wi-Fi 室外无线 AP（access point，接入点）等。图 3 展示了视频监控系统的布点情况及 1 600 万像素 360° 鹰眼摄像头的部署图。

2.3　水肥灌溉远程控制系统

在园区已经建成的水肥一体化控制系统基础上加以改造，使用中央灌溉控制器实现灌溉的智能控制，根据灌溉面积划分为 10 个灌溉分区，安装 10 套交流电磁阀、4 套流量监测设备、1 套灌溉远程控制终端，可以根据土壤气象环境监测信息实现果园 10 个灌溉分区的远程、分区、按需控制，部分现场照片如图 4 所示。

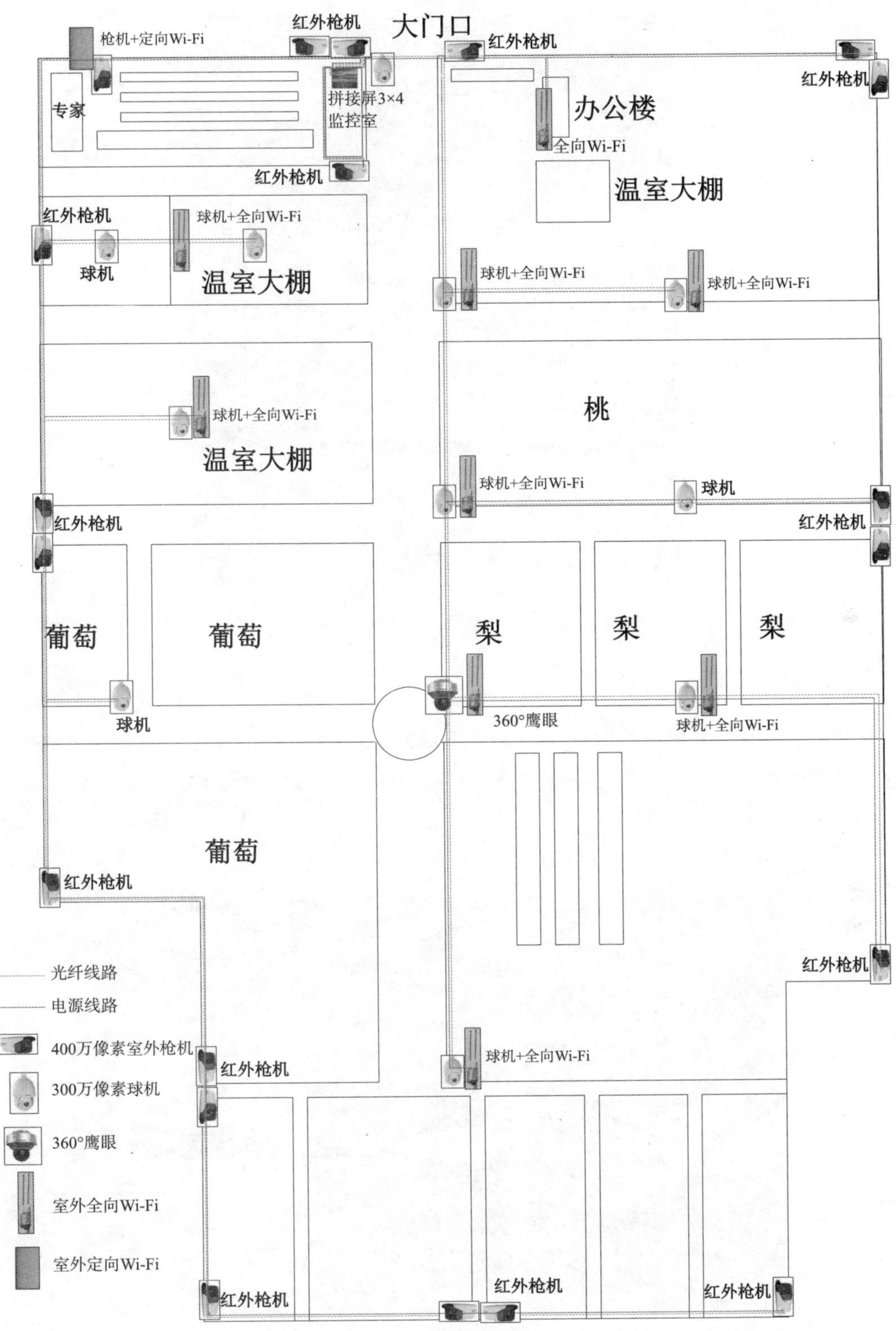

图 3　Wi-Fi 覆盖及视频监控系统

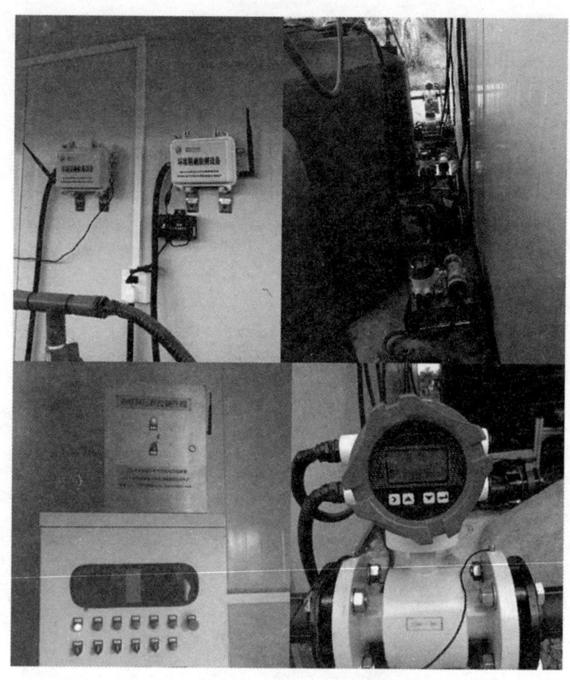

图 4 水肥灌溉远程控制系统

2.4 温室智能监控系统

（1）温室环境感知。在园区的两个日光温室各安装一套环境监测设备，玻璃温室安装两套环境监测设备，5 连栋、15 连栋分别安装一套环境监测设备，共计 6 套监测设备。配备空气温湿度、土壤水分、土壤温度、二氧化碳、光照强度传感器，实现了设施内环境的精准感知（图 5）。

图 5 温室环境感知系统

（2）温室设施控制。针对园区内的日光温室、玻璃温室、15 连栋塑料避雨棚、5 连栋塑料避雨棚、大田灌溉设施，分别部署安装了日光温室远程控制终端 2 套、玻璃温室远程控制终端 1 套、15 连栋塑料避雨棚远程控制终端 2 套、5 连栋塑料避雨棚远程控制终端 1 套、大田灌溉远程控制终端 1 套。

玻璃温室远程控制终端控制内外遮阳、水泵、顶/侧通风电机、湿帘、翻窗、风机、内循环等共计 21 路设备，如图 6 所示。

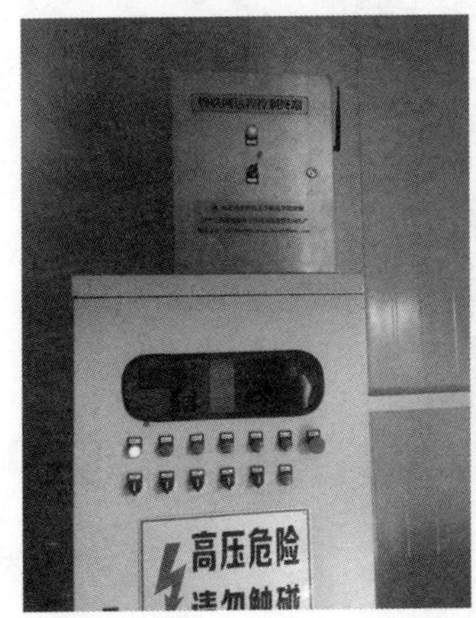

图 6　温室设施控制系统

15 连栋塑料避雨棚远程控制安装物联网远程控制终端设备 2 套，分别实现 6 路顶部通风的远程控制和 32 路卷膜机的远程控制。5 连栋塑料避雨棚安装远程控制终端设备 1 套，实现 10 路卷膜机的远程控制。

2.5　果园农情远程监测系统

（1）自动气象监测。在园区开阔位置安装了一套自动气象监测设备，由数据采集器、传感器、无线传输设备、安装支架、数据接收软件等部分组成，可采集到空气温度、空气湿度、土壤温度、土壤水分、二氧化碳浓度、光照强度、风速、风向、降雨量等信息，由此实现了园区内部小环境气象信息的精准感知，如图 7 左侧图片所示。

（2）土壤墒情监测。在园区资源区、葡萄二区、葡萄四区各部署安装了一套土壤墒情监测设备测量土壤墒情，如图 7 右侧图片所示。该系统能够实现对土壤墒情（土壤温度、土壤水分）按照 10 厘米、20 厘米、30 厘米、40 厘米四个深度的长时间连续采集，从而为大田自动灌溉提供依据，如图 8 所示。

（3）植物生理量监控。实时采集果树生长过程生理信息，包括采集叶片温度、叶片结露时长、果树茎秆流量、果实膨大生长过程等生长过程信息，为科学分析作物生长状态提供灌溉、施肥决策数据，如图 9 所示。

图 7　自动气象监测系统与土壤墒情监测系统

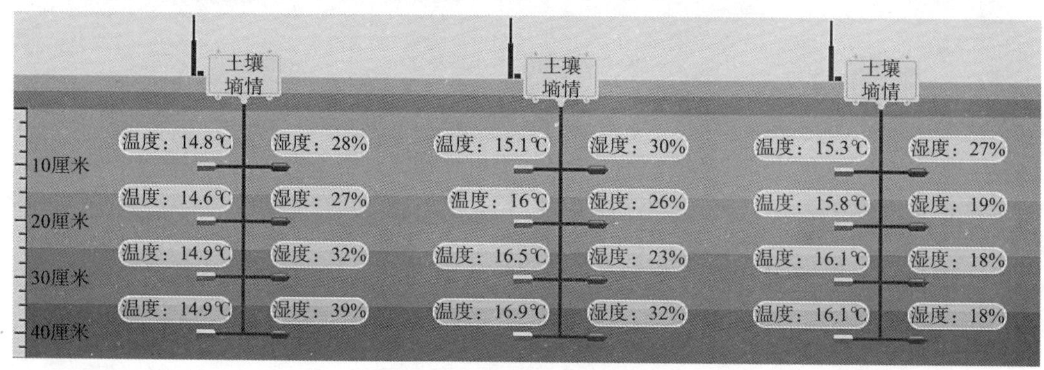

图 8　多层土壤墒情监测系统

（4）智能虫情监测。智能虫情测报设备能够利用害虫的趋光天性，对害虫进行诱杀，并利用内置超高清摄像头对储虫盒的虫体进行拍照，通过 Wi-Fi 网络即时将照片发送至远程信息处理平台。信息处理平台可利用图形分析、识别技术实现害虫的计数、识别等后期处理，如图 10 所示。

2.6　无人机高清图像采集系统

根据园区内栽种果树的物候期特征，采用大疆创新无人机平台，定期巡航园区，收集不同作物不同物候期视频，用于远程病虫害诊断、生产指导。同时，无人机视频可通过无线数据传输模块实时传输高清画面至控制中心大屏，提升应用示范展示度，如图 11 所示。

图 9 植物生理量监控系统

图 10 智能虫情监测系统

2.7 专家远程诊断系统

项目开发了专家远程诊断系统，包括微信公众号及后台的应用服务程序，农户可以通过在“西安果业”公众号上上传文字、图片等方式向专家提问，专家可登录远程诊断系统以文字、图片等方式回复农户提问，农户在微信公众号中就能收到专家具有针对性的回复，展开一对一的服务，从而解决了专家与农户之间空间、时间上的阻隔。图 12 展示了专家远程诊断系统流程及公众号界面。

图 11 无人机高清图像采集系统

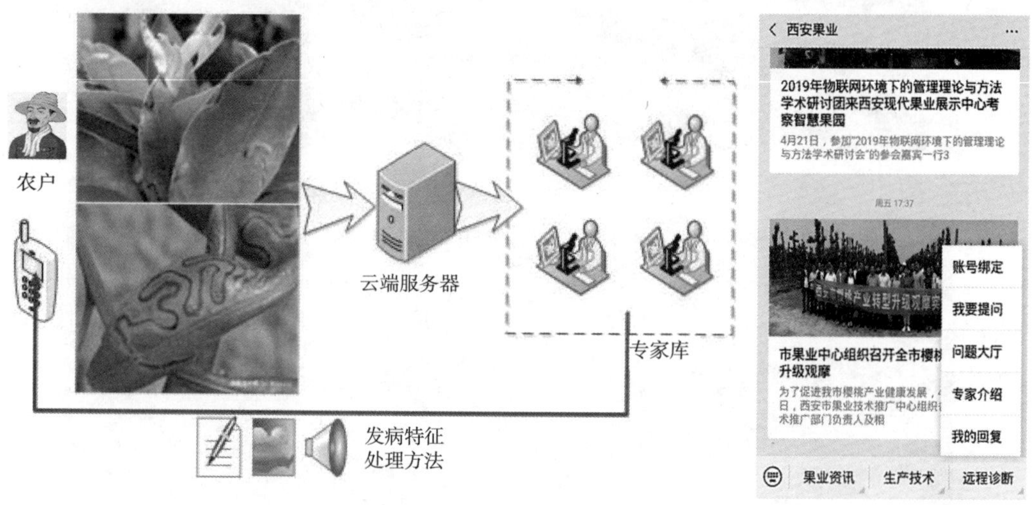

图 12 专家远程诊断系统

2.8 自助观光服务系统

为发挥园区都市农业旅游观光的功能定位作用，支持个人自助导览、散客导览，项目开发了自助观光服务系统，在需讲解的不同果树品种、设施类型、技术装备等区域旁边悬挂了 230 余个二维码标签，参观者用手机浏览器、微信等方式启动二维码扫描功能，扫描果树的二维码标签（有明显标识），就可获得果树的详细介绍内容，通过图片、文字、语音或视频向参观者展示，改变了传统的介绍模式，更具趣味性与科技感。项目在后台开发了知识维护系统，系统管理员可以登录系统修改浏览者扫码获取的信息。图 13 展示了自助观光服务系统的运行原理及用户扫码得到的结果界面。

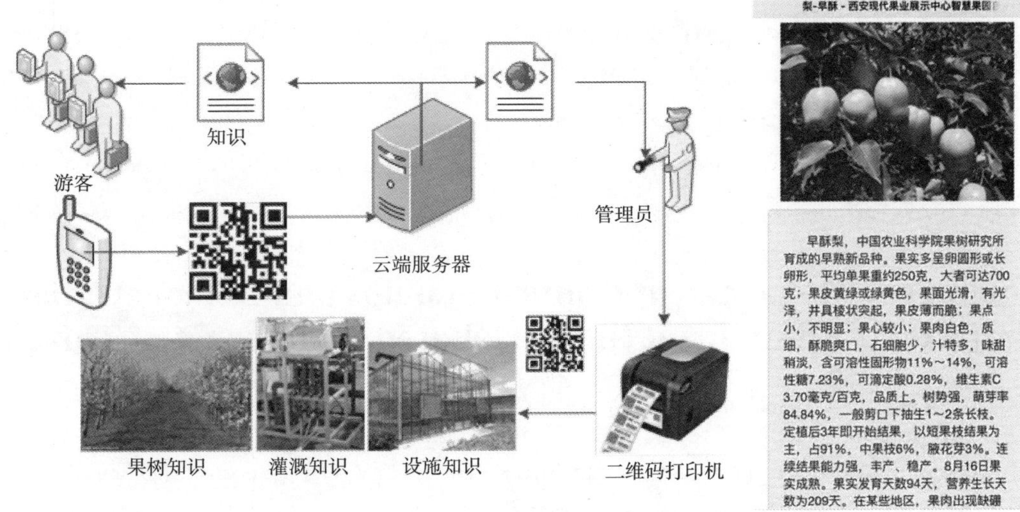

图 13　自助观光服务系统

3　结论

基于物联网、大数据、云计算等最新技术，采用系列化技术装备，开发配套的智能管控系统，实现多类别技术的复杂集成，能够满足果业生产园区现代化管理需求，是现代果业发展的必然方向。通过构建服务平台、开展典型应用案例示范，有利于降低普通农户应用新技术的成本、提高应用意愿、形成规模化应用效益，从而加快物联网环境下的现代果业管理技术、方法的应用进程。

参考文献

[1] 中共中央，国务院. 中共中央 国务院关于坚持农业农村优先发展做好“三农”工作的若干意见[EB/OL]. http://www.gov.cn/zhengce/2019-02/19/content_5366917.htm，2019-02-19.

[2] 中共中央办公厅，国务院办公厅. 关于促进小农户和现代农业发展有机衔接的意见[EB/OL]. http://www.gov.cn/zhengce/2019-02/21/content_5367487.htm，2019-02-21.

[3] 佚名. 盒马推出“IoT 智能蔬菜基地”，物联网+农业将打出怎样的火花？[EB/OL]. https://www.lieyunwang.com/archives/448729，2018-11-03.

[4] 胡祥培，孙丽君. 物联网智慧农业运营管理[J]. 科学观察，2018，13（5）：41-43.

[5] Ruan J H，Wang Y X，Chan F T S，et al. A life-cycle framework of green IoT based agriculture and its finance，operation and management issues[J]. IEEE Communications Magazine，2019，57（3）：90-96.

[6] Ruan J H，Hu X P，Huo X X，et al. An IoT based E-business model of intelligent vegetable greenhouses and its

key operation issues[J]. Neural Computing and Applications, 2019, in press, DOI: 10. 1007/s00521-019-04123-x.

[7] Brewster C, Roussaki I, Kalatzis N, et al. IoT in agriculture: designing a Europe-wide large-scale pilot[J]. IEEE Communications Magazine, 2017, 55 (9): 26-33.

[8] Caro F, Sadr R. The internet of things(IoT) in retail: bridging supply and demand[J]. Business Horizons, 2019, 62 (1): 47-54.

Intelligent Management Control Systems and Demonstration Project of Facility Fruit Industry Based on Internet of Things

Li Hao[1, 2], Ruan Junhu[3], Hu Xiangpei[4], Xiao Hongxi[5], Feng Xiaochun[3]

(1. College of Mechanical and Electronic Engineering, Northwest A&F University, Yangling 712100, China; 2. Chinty Electric Technology Co., LTD., Yangling 712100, China; 3. College of Economics and Management, Northwest A&F University, Yangling 712100, China; 4. College of Economics and Management, Dalian University of Technology, Dalian 116024, China; 5. Xi'an Fruit Technology Promotion Center, Xi'an 710000, China)

Abstract: With the technologies and concepts of Internet of Things (IoT), intelligent equipment, Unmanned Aerial Vehicle (UAV), cloud service and expert modeling, the demand analysis and overall design of intelligent management control system for facility fruit industry were carried out, and an IoT based service platform, data center and eight application systems of intelligent orchards were developed. Specific application systems include: central control center, Wi-Fi and video monitoring systems, water and fertilizer irrigation remote control system, greenhouse intelligent monitoring system, orchard remote monitoring system(automatic meteorological monitoring, soil moisture monitoring, plant physiological state monitoring, intelligent pest monitoring), UAV equipped high-resolution image acquisition system, expert remote consultation system, and self-service tourism service system. Taking the promotion and demonstration project of Xi'an modern intelligent orchards established by Xi'an Fruit Industry Technology Promotion Center as an example, the system implementation and demonstration were carried out.

Keywords: Internet of things; facility fruit industry; intelligent management control; demonstration project

未来十年的管理学：改写管理学的主要动因分析

马庆国

（1.浙江大学 管理学院，杭州 310058；2.浙江工业大学 神经管理科学研究院，杭州 310014；3.宁波大学 神经经济管理学研究院，宁波 315211）

摘要：从改写管理学的四大动因［技术进步使脑力劳动替代体力劳动，神经科技使社科研究平台发生革命性变化，信息网络+智能终端全方位渗透到各社会活动领域，留在信息系统中的痕迹大数据（big data）蕴含行为规律］出发，分析管理学约10年内将发生的重大变化，旨在帮助研究者前瞻学科前沿、选择或调整自己的研究主题。

关键词：管理学；脑力作业管理；痕迹大数据

未来十年的管理学，是一个非常容易引起争论的题目，每个有预见的学者都可能有自己的独特回答；但同时，这也是一个非常重要的题目，只有向前看，才能够明确我们现在应当关注什么，从而在相关的研究领域，取得先机。

1 前瞻学科未来的理由

1.1 前瞻学科未来，是“双一流”建设的必要动作

2015年11月5日国务院发布《统筹推进世界一流大学和一流学科建设总体方案》，提出的总体目标之一是：“到2020年，若干所大学和一批学科进入世界一流行列，若干学科进入世界一流学科前列。”在“（六）提升科学研究水平”中提出：“争做国际学术前沿并行者乃至领跑者。”[1]

由此可知，“在世界学术前沿并行”就是“世界一流”，“在世界学术前沿领跑”就是“世界一流的前列”。

作者简介：马庆国（1945—），男，湖南衡山人，浙江大学管理学院教授、博士生导师，浙江工业大学神经管理科学研究院院长、教授、博士生导师，宁波大学神经经济管理学研究院院长，研究方向：神经管理学、信息管理、神经工业工程学。

而要做到这一点，眼睛仅仅看到当前的“前沿”是不够的，因为你是追赶者。当你用几年时间进入“当前的前沿”时，几年后的“前沿”已经向前发展了，你还是做不到“在世界学术前沿并行”，更不要说“在世界学术前沿领跑”了。

要“在世界学术前沿领跑”，就必须有展望学科未来的能力，否则无“领跑”可言。

前瞻学科未来，是“双一流”建设的必要动作。

1.2　回顾历史，领悟教训

数十年前，当 PC（personal computer，个人计算机）机可以上网发邮件时，我们预见到这一技术进步的事件对我们未来工作和思想交流的影响。

数十年前，当企业信息系统、单位信息系统、银行信息系统等信息系统出现的时候，我们预见到了对管理效率的影响。

数十年前，当手机兴起的时候，我们预见到了它对人与人之间联系的影响，并很快意识到，它可以用于支付，因而预见到它对消费方式的巨大影响。

但是，谁也没有想到：

数十年后，计算机工作的痕迹、上网痕迹、信息系统的沉淀数据、手机沟通的痕迹、支付的痕迹、阅读的痕迹、游戏的痕迹、上网的痕迹……在一系列信息工具上的痕迹与沉淀数据，会构成大数据的重要形态之一，会深刻地改变我们对行为规律的认识，会改变我们方方面面的管理方式和管理绩效。

也就是说，人们在数年前，“本来可以”通过逻辑分析，预见到信息工具中的“痕迹大数据”，是巨大财富，可以通过研究新的方法，科学发掘其价值，可以预见到数据科学的出现。但数十年前的人们却没有做到，而是在数十年后发现各种信息工具积累了大量痕迹数据（痕迹大数据）之后，才突然警醒到“这是宝贵财富”，是发掘行为规律的极为重要的资源，是需要研究新的数据处理工具与数据处理理论的新兴领域。于是，全世界几乎齐头并进地展开研究，但毕竟都是“仓促上阵”，迄今，还没有建立起处理“痕迹大数据的理论”。

2012 年 4 月，管理科学与工程学会常务理事会在北京地质大学召开。笔者作为常务副理事长，做了主旨发言，首次提出了需要建立处理大数据（当时称为具有“量大、多形态、连续、异构”特点的广义数据）的理论任务。并估计可能需要 10 年的时间，才可能找到像数理统计那样的理论和开发出相应的像统计分析那样的软件工具[2]（见附件）。现在看来，这个 10 年左右的估计，还是太乐观了。

1.3　管理学，如何前瞻

为了想明白大约十年后“管理学是什么，管理学会研究什么”的问题，仅靠主观猜测是不行的，更不能卜卦，几乎唯一可靠的思路是：“抓住驱动管理学改变的动因。”也就是弄明白，哪些因素和哪些正在发生的因素，正在改变而且会进一步改变经济活动和有关社会活动的管理行为，并最后改变管理学的哪些重要方面（管理学理论与方法）。

这是需要同行们一起考虑、研究、讨论的问题。这是我们努力站在学术前沿做研究所必不可少的功课。

以下，通过分析改变管理学的动因而估计的管理学变化，是在10年内看得到的，也是比较清楚的。虽然10年后，现在所分析的管理学科变化，可能会依旧（大）部分存在，但新的未知驱动因素的出现也是很有可能的，甚至可能会增加管理学的新的演变方向，或驱使管理学向现在发现的新方向加速发展。由于今后可能出现驱动管理学变革的新因素，前瞻10年以上的学科发展有相当的模糊性。

2 改变管理学未来发展的四大动因

我们正处在千年未有的大变革之中。其中，驱动管理学改变的有如下四大因素。

2.1 技术进步

技术进步使脑力劳动不断替代体力劳动，而且不可逆转。技术进步，在历史发展中不断积累，并且进步的速度越来越快。终于使我们意识到，总有一天（而且不会太远），我们的生产劳动将以脑力为主，体力为主的劳动方式必将退出历史舞台。

因而，以往以“体力劳动”为基础的生产管理的理论与方法，必将转变为以“脑力劳动”为基础的生产管理的理论与方法。

2.2 无损伤、非侵入式的采集脑信号的技术长足进步

无损伤、非侵入式的采集脑信号的技术的巨大进步，为研究脑力劳动（判断、决策、设计、创造等）提供了有力的工具，必将并且正在引起管理学的深刻变革。这是一场管理学乃至整个社会科学研究的平台革命[2]，必将使包括管理学在内的社会科学进入新的阶段。

2.3 信息网络+智能终端的革命，改变人类几乎一切行为，因而必会改变相应管理理论与方法

信息网络+智能终端的革命，改变人类几乎一切社交、工作、投资、交易、娱乐、出行、消费等方式，因而必然会改变相应管理理论与方法。这个影响是长远的。我国的研究虽然比发达国家晚了一个波次，但是由于技术进步迅速，5G（5th-generation，第五代移动通信技术）通信的发展，改变了世界在此研究领域的梯度格局，为我国管理学者创造了可能的领先机会。

2.4 信息系统和信息工具里的痕迹大数据，诱发了新型的数据科学

信息系统和信息工具里的痕迹大数据的累积，诱发了全世界对新型数据科学的广泛研究。

从这些新型数据中挖掘人们的行为规律，具有广阔的应用前景，但如前所述，全世界管理学者都面临没有“基于理论的数据处理方法”的问题。建立像“概率论与数理统计”那样的理论与痕迹数据的处理方法，将是全世界数据科学家面对的共同任务。

当然，驱动管理学变更的，不止这四大因素，还有社会、人口、自然等方面的因素，本文暂时不讨论它们。

以下，我们就一一讨论这四大动因是如何驱动管理学（本文中的管理学是广义的，是管理学门类所指的管理学）变革的，继而推理出管理学的未来前沿在哪里，估计出未来十年的管理学会有什么新理论和方法。

3 “技术进步使脑力劳动替代体力劳动”将改写管理学

3.1 脑力替代体力：生产方式巨变的历史关头

我们正处在非常重要的历史转折关口。生产技术进步的不断积累，已经使生产过程中的“脑力劳动替代体力劳动”的过程发展到“质变”关头。生产方式出现了巨大的变革。生产管理理论也必将出现巨大变革。

过去炼铁炼钢，需要工人们用铁铲往炉中投焦炭，由于炉前温度太高，作业方式就只能是：一组工人排成一队，每人到炉前投一铁铲焦炭就离开，擦汗降温（图 1）。现在是机械装置自动投送，工人的任务转变为空调室中的屏幕监控，判断生产过程是否有异常问题，如果有，就要及时调整处理（图 2）。

图 1　以前钢厂的工人作业方式

图 2　现在钢厂的工人作业方式

以前的装配工业，以手工方式为主（图 3）。现在，逐步被机械手臂替代（图 4）。在这种情形下，车间工人的工作是巡视（或者屏幕监视），关注是否有异常征兆，如果有，就及时调整。

图 3　过去的装配线

图 4　现在的装配线

3.2 “巨变”对生产管理理论方法的影响及未来理论的初步推测

在工业工程与工业管理中，有一个非常重要的研究方法——“动作分析”（motion study）。它把工人在生产中的动作分解为17个动素，然后通过回放动作，找出“无效动素”并剔除掉（现在已经可以借助计算机软件来完成这个分析过程了）。于是，新的生产操作动作中，就没有了“无效动素”，生产效率就提高了。但是，如果自动生产线技术替代了手工作业，那么这套研究手工作业的方法就难逃“随之消失”的命运。随之而来的问题是，面对自动生产线技术的新的生产管理理论又会是怎样的呢？显然，这是我们现在就必须思考的一个问题。

基于手工作业的理论与方法还有很多，它们都面临类似的、慢慢会“无用武之地”的状态。

当脑力劳动成为生产过程中主要形态之后，对生产作业过程中的脑力负荷、脑力疲劳、判断力、注意持续能力等问题的研究，就变得急迫起来，其重要性直线上升。

而现在，针对不同工作环境下、不同行业、不同工种的相关理论寥寥无几，还几乎是一片空白。

3.3 生产管理教学的滞后

更值得关注的是，现在大多数大学管理学院的生产管理教材，其核心理论部分还是面向体力劳动，或者面向“体力配合机器”的生产模式展开的。

生产管理关注三件大事。

（1）生产组织问题，包括选择厂址，布置工厂，组织生产线，劳动定额，劳动组织，以及设置生产管理系统，等等。

（2）生产计划问题，包括编制生产计划、生产技术准备计划和标准作业程序（standard operation procedure，SOP）等。

（3）生产控制问题，包括控制生产进度、生产库存、生产质量和生产成本等内容。

而这三件大事的先进典型之一，就是丰田生产方式。但丰田生产方式的基本骨架，还是第二次工业革命（电力/电气技术革命）的典型代表——福特规模化生产方式——的骨架。其内核还是工人以活劳动配合机器装备完成生产的方式。例如，其经典的标准生产作业计划的编制方法、全面质量管理（total quality management，TQM）方法、准时化（just in time）方法、看板管理方法、视听管理方法等，都是围绕生产线的活劳动（体力作业为主的活劳动）的管理方法。

当然，丰田生产方式也具有向第三次工业革命（计算机及信息技术革命）靠近的成分。但其主体毕竟是第二次工业革命的骨架。

我们不否认，在国内外现实的生产体系中，还有很多是落后于丰田的生产方式的。因而，现在大多数大学的生产管理教材，还是有应用对象的。

但是，也必须看到，随着第三次工业革命（计算机及信息技术革命，特别是网络技术革命）和第四次工业革命［以人工智能（artificial intelligence，AI），机器人技术，虚拟现实以及生物技术为主的技术革命］的到来[①]，生产技术的变化翻天覆地，人工智能+（广义）机器人（包括有形与无形的机械手臂）+基于生产网络的分散控制+生产过程的视频监控+…不断涌现，生产管理三大要素（生产组织、生产计划、生产控制）也随之“一个波次接一个波次”地走向智能化。在脑力替代体力情况下，生产作业工人的作业方式巨变就势不可挡。

显然，相对于第三次、第四次工业革命而言，目前大多数大学的生产管理教材依然面对的是第二次工业革命的生产方式，的确是落后了。

更新生产管理教材的任务迫在眉睫。而更新，就必须研究，研究什么呢？

3.4 对应于第三次、第四次工业革命的生产管理研究什么

对应于第三次、第四次工业革命，生产管理的三大组成（生产组织、生产计划和生产控制）都将向智能化方向发展。从硬（智能生产线组织）到软（智能生产计划、智能生产作业管理）的有关理论都将改写。脑力替代体力，使得生产作业管理的理论与方法的创建非常紧迫。

需要注意的是，当我们面向第三次、第四次工业革命的经典生产形态来研究并创建新的理论与方法的时候，还要兼顾数量庞大的“过渡形态”（脑力、体力都付出，脑力付出的比重不断增大）的企业需求。

针对“过渡形态”企业的生产管理，研究开发的主要方向是在原来的基础上进一步做自动化与智能化改造，用更多的脑力作业替代体力作业，并把人作为系统的一个部分（所谓“人在回路”），用信息技术、生命科学技术（特别是脑科学技术），把整个生产系统构造为“人机联合系统”，并研究这个“人机联合系统”的管理理论。

丰田生产方式也可以按照这个方向改进，逐步升级到第三次、第四次工业革命的经典生产形态，即智能化生产形态（基于“人工智能+广义机器人”的智能化生产形态）。

注意，智能化生产系统仍然是一个“人在回路”的系统。只不过，这个系统的“回路”中，人已经摆脱了传统意义上的体力劳动，新的劳动主要是脑力劳动，如观察、判断、决策、调整、改进系统、设计新系统等。

因此，对第三次、第四次工业革命下的经典生产形态（智能化生产系统）的管理，首要的是对脑力劳动的管理。如下脑力劳动的规律是必须研究的，并等待创建新的理论。

常规环境下，脑力劳动中的生理、认知与情感的变化规律包括：脑力疲劳在高脑力负荷下的规律（疲劳曲线），单调低负荷下的脑力疲劳规律，注意力的持续能力，对异常变化的警觉特征，作业中的放松与紧张特征，情绪控制特征，兴奋特征，判断力、决策力、执行力、敏捷反应，等等。这些特征是与具体的工作任务相关联的，也是与作业环境相关联的，因此，

① 第三次和第四次工业革命是接踵而至的，究竟是两次，还是一次工业革命，还需要经过一段时间后，人们才可能更准确地定义。

还必须研究非常规环境下，脑力劳动中的生理、认知与情感的变化规律。所谓“非常规环境”，是指高噪声、高气压、高湿度、高温、低温、高海拔、幽闭等环境。这些非常规环境因素对脑力劳动中的“生理、认知与情感的变化规律”有着巨大的影响，基于实验和测量的相应规律的研究是基础性的。有了这样的研究，相应的管理措施就有了科学的基础。

上述这些理论方法与体系，就是神经生产管理的理论方法与体系，也就是未来的生产管理。

3.5　第三次、第四次工业革命下其他脑力作业的管理研究什么

第三次、第四次工业革命，在促使脑力劳动替代体力劳动之后，生产作业与企业的其他脑力性的工作（如设计、营销、财务等管理工作）之间的差异主要是工作属性，而在工作中的脑力、心理、认知、情绪等方面的差异，就弱化了，表现出较多的共性。那就是脑力工作的基本规律。

那么，如何研究脑力工作的基本规律呢？必须首先有无损伤的、非侵入式的采集脑信号的测量工具。

幸好，自 20 世纪 90 年代以来，测量脑神经活动的设备（硬、软件）有了长足进步，刚好大致满足了“脑力劳动为主”时代对脑力劳动规律研究的需要。

4　管理学研究的平台革命，将把管理学带入新时代

与体力劳动的研究不同，脑力劳动的研究必须有非侵入式的（不进入身体的）、无损伤（对人体没有损伤）的采集脑信号的工具或装置。

近 30 年来，无损伤、非侵入式的测量脑神经活动的技术（人们又称之为“脑成像技术”）得到了极大的发展，构成了研究社会学、经济学、管理学、民族学、文化、语言、哲学、宗教等社会科学的新兴平台。这是一次社会科学研究平台的革命，把包括管理学在内的社会科学，建立在自然科学的基础之上，也带来了社会科学研究范式的革命。几十年来，特别是十几年来，研究人员通过使用神经科学技术来研究经济学、管理学（包括会计财务管理、生产管理、营销管理、人力资源管理、管理决策、创新与创业等诸多分支），取得丰硕的成果。

构成新兴研究平台的主要设备类型有：脑电图/事件相关电位（electroencepha-logram/event-related potential，EEG/ERP）设备、脑磁图（magnetoencepha-lography，MEG）设备、功能性磁共振成像（functional magnetic resonance image，fMRI）设备、功能近红外成像设备（functional near infrared spectroscopy，fNIRS）、正电子发射断层扫描（positron emission tomography，PET）设备，以及能够反映脑神经活动的周边神经系统活动的测量设备，如心电图（electrocardiogram，ECG）仪、肌电图（electromyogram，EMG）仪、眼电图（electro-oculogram，EOG）仪、眼动追踪仪（eye tracker）等，此外还有一类具有可恢复性、暂时干

预脑活动的设备，如经颅磁刺激（transcranial magnetic stimulation，TMS）、经颅直流电刺激（transcranial direct current stimulation，tDCS）等[3]。

以下分别简单介绍一些可用于研究管理学的设备。

4.1 EEG/ERP 设备

EEG/ERP 是测量脑电信号的设备，具有毫秒级的时间分辨率，与恰当的实验设计相结合（呈现恰当刺激，安排决策或判断任务），可以观测到被测试人在做决策时反映在头皮上的脑电活动信号，从而了解大脑对特定刺激或事件的即时反应，以及执行任务（如决策任务）时的认知–情感实时过程[4，5]。

如果不与实验设计结合，而是采集作业现场的脑电信号，也可能分析被测试人的注意集中状态、警觉状态、脑疲劳状态等。

4.2 MEG 设备

MEG 是通过检测神经元活动产生的磁场来研究大脑的活动的。众所周知，局部带电粒子在导体中的运动产生磁场。在大脑工作时，脑神经元群体会产生（微弱的）电流活动，而电流活动总伴随着磁场活动。所以，MEG 与通过 EEG 观察到的脑电信号类似，也可以用来分析和推断大脑的活动。MEG 的优点是可以在时间和空间分辨率两个方面都提供高精度的磁变化数据，而且不会受到颅骨密度的影响。其缺点是，设备大而且贵，还需要高度屏蔽电磁的实验室（实验室建设的成本也很高）[5，6]。目前还没有能够在生产作业现场采集脑信号的 MEG 设备。

4.3 fMRI 设备

神经元的活动需要消耗能量和氧气，因此当大脑的一个区域活跃时，该区域中血液中含氧血红蛋白的氧成分被消耗，转变为去氧气血红蛋白，该变化可以通过磁共振成像扫描仪测量和记录到。这个被记录到的信号称为血氧水平依赖（blood oxygenation level dependent，BOLD）信号。在做决策、判断等任务时，哪个脑区的 BOLD 信号显著，就说明哪个脑区在工作[7，8]。大脑的不同区域有不同功能，因而，可以依据不同脑区的 BOLD 信号的变化，推断大脑在处理所呈现任务时的认知和情绪状态。例如，把执行风险决策任务时的信号水平，与执行其他没有风险任务时的信号水平相比较，就可以推断出哪些脑区在执行风险决策任务时活跃，进而依据这些脑区的功能，推断出被测试人在进行风险决策时的认知与情感特征。

一般在做神经管理学研究时，使用的是 3T（3 个特斯拉磁场强度）的 fMRI 设备。它有立方毫米级的空间分辨率，但时间分辨率低，是秒级的（是滞后于神经元电活动的）信号，只能反映秒以上的（通常是 2 秒以上的）过程。所以可以设计相对复杂一些的管理决策实验，用 fMRI 来测量相应的脑神经活动，推断相应的认知、情感状态。

4.4 fNIRS

fNIRS 也是一种非侵入式光学成像设备，通过测量大脑表面的血流量和新陈代谢的变化来产生神经活动的图像[4]。其基本原理是：大脑皮质组织中血红蛋白浓度的变化会影响组织中红外光的吸收[6]，而人体组织中的水和蛋白对波长在 700 ~ 900 纳米的近红外波吸收率最低、反射率较高，因此用此近红外光在头部射入，就可以通过反射回来的光线了解大脑内部正在发生的事情[4]。fNIRS 的空间分辨率小于 1 厘米，时间分辨率为数十毫秒[9]，它比 fMRI 成本低、便携[4]，更重要的是，它可以在生产现场以及无限制的环境中使用，是作业现场采集脑信号的强大的工具，而且 fNIRS 的信噪比较高[10]，也不会像 fMRI 那样产生工具噪声。当 fMRI 由于扫描环境的局限而受到约束时，fNIRS 可以在自然环境中记录脑活动的信号。当然，fNIRS 也有弱点，其信号无法测量到皮质 3 厘米以下的活动。

4.5 眼动追踪仪

视觉是人类认识世界的最重要的感官之一。大脑皮层的大约 30%区域与视觉有关。

眼动追踪仪通过角膜反射（corneal reflection）眼瞳孔追踪器来检测眼球的单眼或双眼活动，当红外线或近红外光照射眼睛（如瞳孔中心）时，就会产生角膜反射。提取有关眼球运动、眼睛注视特征、瞳孔变化等信息，从而得知被测试人关注什么信息，以及关注的程度。在广告研究、网站设计研究、生产控制界面研究、风险信息研究等广阔领域，眼动追踪仪有着广泛的应用[11]。

限于篇幅，不再介绍更多的无损伤的、非侵入式的采集脑信号的设备。

这些设备，为研究脑力劳动、管理决策、管理行为，提供了客观、有效的工具。在此研究平台基础上，管理学将进入新的时代。如果说，1911 年泰勒以实验为基础，开拓了“以体力劳动为中心”的科学管理时代，那么技术进步使脑力劳动替代体力劳动，必将发展到“以脑力劳动为中心”的科学管理时代。

包括脑力劳动管理在内的神经管理学，必将是未来管理学核心组成之一。

5 信息网络+智能终端的革命，必将改变相应管理理论与方法

5.1 “网络+手机”带来了“千年未有之变局”

我们站在手机革命的爆发点上，处于“千年未有之变局中”！

手机功能早已经不再仅仅是通话功能了。它迅速成为人类生活、消费、出行、入住、学习、交流、社交等“须臾难以离开”的智能工具，例如，购物、订票、订房、订餐等衣、食、住、行的消费所用工具，交友、娱乐、参观、出游的信息工具，投资、生产与工作的助理，

阅读、知识学习新型助手等，它甚至将改变今后的教育形态（大学形态必将改变），人类知识积累方式进入了一个新的历史阶段。

管理学把上述活动作为管理对象，现在被管理的“活动”发生了巨变，管理学的理论与方法，岂能不随之巨变？

5.2 “互联网+智能终端”下，企业管理变化的一个实例

电子商务乘着“互联网+智能终端”的翅膀迅速发展。老式实体店迅速萎缩。实体店纷纷转为“实体+电商”的模式。由此，“小批量、高频次”的管理问题凸显出来。传统制造业竞争，重点在质量和价格，而现在的竞争重点是“交货期、个性化”（由“小批量、高频次”所决定）。

以下是×××衣柜的例子。在“互联网+智能终端”的时代，家具的生产组织也随之产生了“大规模定制”的特征。各类家具，千百人利用智能终端向企业定制后，产生了对各种尺寸、材质、式样、色彩的要求。其配件数、板材数、衣柜数，弄错了一样，就会被退货。在没有出现这种“大规模定制”的情况下，企业可以通过一定的流程，用人工完成各种型号、尺寸的分类统计，安排生产，但在如此巨量“大规模定制”面前，就是用几百名工人按照恰当流程来分类统计，也难免出错。要做到零误差，必须把“人工”从编制这个生产计划的任务中“摘出来”，完全用数据驱动模型，计算各型板、棍、紧固机件的数量，多达几百个参数，也可以优化下料，分送不同地区派送服务店。生产计划问题，变成了经典的数据驱动问题。

6 痕迹大数据、行为规律发掘与“大数据方法困境”

6.1 大数据泡沫

当媒体天天讲“大数据”，人人讲“大数据”的时候，大学纷纷建立“大数据中心”“大数据研究院”的时候，大数据泡沫已经形成。

大数据泡沫的基本特点是，把根本不是大数据的数据（小小数据）都吹嘘为大数据；几乎人人都会讲“大数据的重要性”，却很少有人知道什么是大数据概念的起源；大数据的文章满天飞，却很少有人做实实在在的工作，把“大数据”变成改变生产效率的财富；等等。

6.2 大数据概念的起源与延伸

国际上，最早用大数据（big data）术语的，是 2008 年 *Nature*（《自然》）上的一组文章（图 5）。这组文章解释了使用大数据术语的原因。这组文章主要聚焦于天体物理研究、基因与蛋白研究等数字型数据（digital data）。讲述了数据量 K—M—G—T—P—E—Z 的“从量到质”的变化过程。大数据的主要特征是，数据产生得如此之快、之多，以至于来不及做分类、标记，就“库存”起来（无法共享、很难找出来再利用）；网络数据的传输还不如递数据盘（5G 出现

后，这一特征会暂时消失）；数据产生数量与速度，与有效利用之间的差距越来越大。这组文章还讨论了有效利用这类数据的可能办法，其主要建议是本质上类似于“建立数据联盟”的办法。

EDITORIAL
1 Community cleverness required

BIG DATA

NEWS
8 SPECIAL REPORT **The next Google**
Duncan Graham-Rowe

PARTY OF ONE
15 **Data wrangling**
David Goldston

NEWS FEATURES
16 **Welcome to the petacentre**
Cory Doctorow

22 **Wikiomics**
Mitch Waldrop

COMMENTARY
28 **How do your data grow?**
Clifford Lynch

BOOKS & ARTS
30 **Distilling meaning from data**
Felice Frankel & Rosalind Reid

ESSAY
36 **The Harvard computers**
Sue Nelson

FEATURE
47 **The future of biocuration**
Doug Howe, Seung Yon Rhee *et al.*

For podcast and more online extras see www.nature.com/news/specials/bigdata/

图 5　2008 年《自然》上的一组文章首先分析大数据

2011 年 2 月 Science（《科学》）推出“Dealing with Data”（处理数据）专刊，在其所有的 17 篇文章中，除了一篇文章在其引用的参考文献中，有“big data”字样外，无一使用“big data”的术语，大多数使用的是数据洪流（data deluge）。这一组文章的一个突出特点是，不再仅仅讨论天体、物理、生物、基因等研究产生的数据，还讨论了社会科学研究的数据，网络技术等信息系统产生的数据（图 6）。

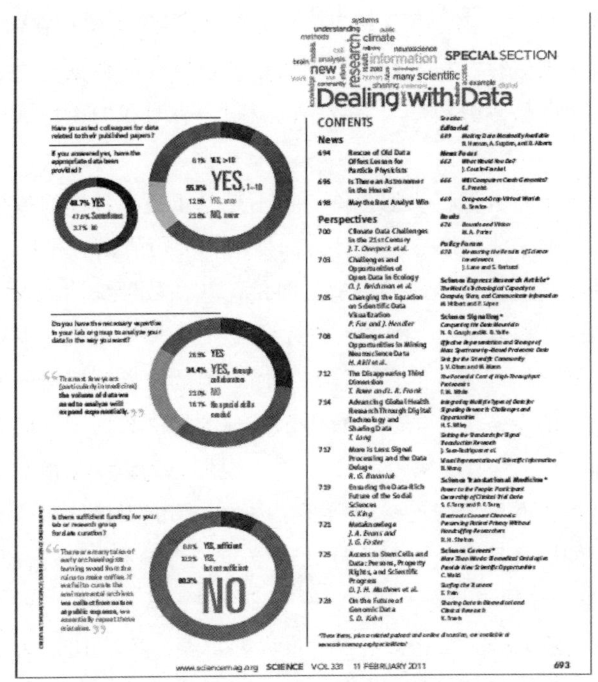

SPECIAL SECTION

Dealing with Data

CONTENTS

News
694 Rescue of Old Data Offers Lesson for Particle Physicists
696 Is There an Astronomer in the House?
698 May the Best Analyst Win

Perspectives
700 Climate Data Challenges in the 21st Century
J. T. Overpeck et al.
703 Challenges and Opportunities of Open Data in Ecology
O. J. Reichman et al.
705 Changing the Equation on Scientific Data Visualization
P. Fox and J. Hendler
708 Challenges and Opportunities in Mining Neuroscience Data
H. Akil et al.
712 The Disappearing Third Dimension
T. Rowe and L. R. Frank
714 Advancing Global Health Research Through Digital Technology and Sharing Data
T. Lang
717 More Is Less: Signal Processing and the Data Deluge
R. G. Baraniuk
719 Ensuring the Data-Rich Future of the Social Sciences
G. King
721 Metaknowledge
J. A. Evans and J. G. Foster
725 Access to Stem Cells and Data: Persons, Property Rights, and Scientific Progress
D. J. H. Mathews et al.
728 On the Future of Genomic Data
S. D. Kahn

YES
NO

www.sciencemag.org　SCIENCE　VOL 331　11 FEBRUARY 2011　693

图 6　2011 年《科学》上的一组文章聚焦数据处理

直到 2012 年《纽约时报》使用“big data”术语后，美国才逐步、局部地使用大数据的术语，到 2014 年美国总统办公室出了一本小册子 *Big Data: Seizing Opportunities, Preserving Values*（《大数据：抓住时机，保存价值》），“大数据”的术语才相对广泛地运用起来。

6.3 维克托的 *Big Data: A Revolution That Will Transform How We Live, Work, and Think*（《大数据时代：生活，工作与思维的大变革》）与大数据概念泛化

2013 年英国牛津大学教授维克托出版的《大数据时代：生活，工作与思维的大变革》一书是“大数据”概念泛化的始作俑者（该书把几万个数据或更少的数据问题，统作为“大数据”问题）。其中译版在中国出版后，更被“无节制”地扩大化，任何小小数据，都被媒体、官员，甚至部分专家称为“大数据”。“大数据”成了“数据”的代名词。这种泛化，对真正“大数据”的科学研究，也对传统的“数据处理”都造成了极大的混乱与伤害。我们这里有时候“大数据”满天飞，却少有脚踏实地依据企业运行数据改进企业效率的研究。2016 年笔者曾经安排一组人查阅以美国等发达国家为主的数据与大数据的研究论文，查到 360 余篇，几乎都是如何运用企业数据改进企业生产和管理效率的，务虚的“数据”或“大数据”的论文少之又少。这个差异实际上是“务实”态度的差距，说大一点，是“科学精神”的差距。

6.4 痕迹大数据与“痕迹大数据方法困境”

“信息网络+智能终端+各类信息系统”的迅猛发展，导致了留存在信息工具里的数据（人使用信息工具的痕迹）被保存、积累起来，形成了数量巨大的数据。由于“大数据”的概念已经混乱，我们也不再严格划分数据与大数据的界限，有时我们也把数量巨大的痕迹数据称为“痕迹大数据”。

“痕迹大数据”既不是人们行为的总体，也不是基于概率抽样的数据。但是，现在很多人都把所得到的局部数据拿来，用数理统计方法处理，求均值、求方差，做假设检验，聚类、分类等，推断总体特征，甚至发表研究论文。但是，熟悉数理统计的人都知道，用统计学方法处理“基于随机抽样（概率抽样）所得到的数据”，是有坚实的理论基础的，那就是从概率论到统计学的一整套被严格证明了的理论体系。而目前的我们所面对的痕迹大数据，并不是概率抽样的结果，而是信息系统、信息工具中记录到的痕迹数据，它们不仅数量大，而且具有多种表现形态（如图片、音频、视频等），就是表现形态为数字型的数据，也不是概率抽样的结果，它们不是整体，而是分段连续的局部。因此，不能直接使用“基于概率抽样”数理统计方法来处理其中的局部数据。直接这样处理数据，从本质上来说，是没有科学依据的。为此，笔者于 2012 年曾经猜想，要想找到“像数理统计方法那样的、以严格数学证明的理论体系为基础”的处理大数据的方法，恐怕要全世界的学者，经过 10 年左右的努力，才可能做到；并提出，这是一块难啃的硬骨头，也是中国学者的机遇。后来（2015 年）笔者向东北大

学信息科学与工程学院报告有关痕迹大数据时，称这个问题为“大数据方法困境”，简称“数据困境”[12]。

现在看来，2012 年给出的 10 年左右的估计，还是太乐观了，不知道再加一个 10 年（到 2032 年时），人类是否可以建立处理（痕迹）大数据的基础理论，以及基于这个基础理论的数据处理方法体系。

6.5 处理痕迹数据的当今之计：“八仙过海”

痕迹数据太宝贵了，其中蕴藏了大量行为、生产运作、工艺过程、消费与服务的规律，发掘出来，可以改进管理、改进生产过程、优化工艺、优化服务。我们不能因为没有处理这类数据的基础理论，就停止探索、停止发掘其中的宝藏。无论是推断总体的“状态评估”（用基于主成分分析后的“评价指标体系”来做状态评估），因素之间相关分析，基于因果判断的回归分析，方程系统的模拟分析，基于线性或非线性规划的一类优化计算，生物模拟算法（蚁群算法、蜂群算法、遗传算法）、基于智能 agents 的计算实验算法，或者各种基于数据的分类算法（用以识别不同的对象或者阶段），包括人工神经网络、卷积网络等深度学习算法，以及仿脑计算方法（brain-like competing，模仿大脑处理数据的方法，人工智能算法的一种类型），等等，都是值得试用的，以图发掘出痕迹大数据有价值的东西。但必须记住的是，用这种“八仙过海”式的方法所发现的“规律”，可能是真的，也可能是假的。在应用这些“数据发掘的结果”时，要时刻警惕系统的状态的变化。如果系统变好了，说明“数据发掘的结果”可能是对的，如果发现系统变坏了，就应当及时放弃使用这个发掘出来的结果，以免掉进“假规律”陷阱。这是一种“数据挖掘与应用实践互动”的校正机制。

而之所以鼓励“八仙过海”，用各种可能的方法来处理“痕迹大数据”，是因为这样做，有利于启发思路，解决“痕迹大数据方法困境”的难题。

7 未来十年管理学动向推测

在未来十年中，上述必将改变管理学的四大动因（技术进步使脑力劳动替代体力劳动，以研究管理决策为代表的社会科学平台的变革，网络+智能终端，以及信息工具里的痕迹大数据急速积累）将在诸多方面深刻地影响管理学的发展。由此推测，未来十年的管理学，必将发生如下变革。

7.1 以脑力劳动为主要管理对象的新科学管理时代来临

众所周知，1911 年泰勒以实验方法研究了体力、煤铲尺寸与生产效率的关系，开创了“以体力劳动为中心”的科学管理时代。

随着体力劳动越来越多地被脑力劳动替代，“以体力劳动为中心”的泰勒的“科学管理时代”正在走向终结。代之而起的，必然是“以脑力劳动为中心”的科学管理时代。

这是因为人类走向以脑力劳动为主的生产时代（智能生产时代），不可能没有对脑力劳动规律的认知，并基于这个认识，一方面提升生产系统的智能化水平（把人的智能不断地转化为机器的智能），另一方面更加人性化地对脑力劳动实施科学管理，以提高“包括人在内”的生产系统的效率与安全水平。

生命科学特别是脑科学技术的进步，使得研究脑力劳动的规律成为可能，用神经科学方法研究管理决策和管理行为及行为绩效成为可能，因此预计会有如下一些方面的成果（管理理论）产生。

（1）首先是对智能生产的过程是否正常、是否有异常征兆的判断问题，继而是是否需要调整干预的决策问题，进而是干预的执行问题（如果决定需要干预的话）。依据智能化生产系统的不同，生产过程的监控范式不同，有大屏幕（多摄像窗口）监控的，有生产现场巡回监控的；执行干预的操作也因智能生产装置的不同而不同，如在一群（装有保险或者不装有保险结构的）按钮中做按键操作，或者用操纵杆调整生产过程，等等。

在上述判断、决策、执行操作的过程中，正确、及时是两个关键；而这不仅取决于知识、经验，而且取决于大脑工作的疲劳规律，取决于工作前或者工作中事件诱发情绪的干扰（工作前，如家庭、路途中影响情绪的偶然事件；工作中，如同事相关情绪事件），取决于班前睡眠质量，取决于是否处于亚健康状态，等等（我们假设生病请假不上班）。这里的多数问题，是需要研究脑工作规律的。

从认知神经科学的角度来看，需要关注的是注意力问题、警觉度问题、脑力疲劳问题、困倦问题等。

脑力疲劳与体力疲劳的一个重大差距是，体力疲劳由高体力负荷引起，而脑力疲劳不仅可以由高负荷脑力工作引起，还可以由长时-低负荷-无任务引起，如监控屏幕长时无状况、无变化，容易引起低负荷脑力疲劳。

从大脑活动信号的角度来看，这里涉及的科学问题有脑信号与认知状态、心理状态、判断决策能力状态、行为状态的关联问题、因果问题，甚至决策错误出现瞬间或者之前、操作错误出现瞬间或者之前，脑信号特征的提取问题。

（2）从技术进步过程的角度看，大多数的生产过程、施工过程、作业过程，都处于脑-体混合支出，但脑力比例上升而体力比例下降的态势中。因此，研究这种“过渡”状态的脑力-体力负荷与疲劳规律，是近5年比较紧迫的任务。

另一个重要的角度是，在不同工种、不同工序、不同任务中，脑力疲劳等认知能力的变化规律是不同的。不同生产作业中的工作形态的多样性、复杂性，导致了相关研究的巨量工作。

还有一个不能忽视的视角是劳动作业环境对脑认知能力的影响。例如，高温环境、寒冷环境、高海拔缺氧环境、高压力环境、高噪声环境、幽闭环境等，对脑力作业影响和认知规律研究，又是一个非常重要的方面。

如果把上述不同视角的问题交叉到一起研究，其数量之大、复杂性之高，是难以想象的。但是“以脑力劳动为中心”的科学管理时代必须解决的问题。这将是从现在起到未来10年中的、管理学研究的国际竞争前沿。

（3）从生产管理之外的工商管理领域来看，脑力活动的研究平台的革命，使得许多以前想研究而无法研究的问题得以研究。

这些问题包括：权力结构、领导风格、领导人格特质影响领导群体决策的神经机制，领导个体决策与领导群体决策的心理异同的神经基础；团队合作与不合作的群体脑网络的特征差异；发现组织变革隐性阻力的神经科学方法；规划活动、设计活动与创新活动的脑神经网络的特征，创业者识别创业机会、评估创业机会及创业决策的神经活动特征；智能信息工具成瘾性使用或病态使用的神经机理问题；用神经科学解密金融投资中的决策与行为问题，解密消费决策与行为问题，特别是许多“匪夷所思”的决策与行为问题（如证券市场中高买低卖的问题，计划购买A与B却买了C与D的问题等）；还需要用神经科学解密品牌的引力问题、广告的吸引力问题等。

这些问题，基本上属于神经管理学的如下分支需要研究或正在研究的一些突出的问题：神经领导科学，神经组织行为学，神经创新创业学，神经新系统，神经金融学，以及神经营销学等分支。

7.2　“信息网络+智能终端”时代的管理学

智能终端（手机、平板、笔记本电脑等）起作用的领域，从一开始是有明显区别的。例如，笔记本电脑主要是作为脑力工作的平台，手机主要是通信工具，然后相互交叉，都向网上信息搜索、娱乐（如游戏、打牌、看演出、看球赛等）、新闻、讨论、交友、学习、工作任务的布置、最新信息转发等多方向融合发展，使得它们发挥作用的领域有趋同的现象。

从学科角度看，它促进了各个学科的发展。从学术角度看，它促进了学术交流，有利于学术水平的提高。从科普角度看，它促进了科学知识的普及。从学习角度看，它开辟了一条与学校学习（从小学到大学本科，再到研究生）迥然不同的、高效、快捷的学习方式，以及经验交流方式。其意义之伟大不能低估。它可能会改变人类800多年来的大学教育的方式，传统意义上的大学可能消失，代之而起的可能是类似于“奇点大学”一类的“学校组织”（以解决问题为目标，组织专家教授，招募想要解决同样问题的学员，以研讨—学习—研讨的方式解决问题。问题解决，“这个班毕业”）。从工作角度看，它提供了新管理工具，甚至是国家管理的工具（如美国特朗普总统的推特）。从支付、存储等角度看，它提供了取代货币部分功能的工具。从（证券、债券）投资角度看，它成了重要的投资平台。从出行、住店、购买等角度看，它成了人们日常生活不可或缺的工具。人们几乎不能把移动终端的应用领域列举完全，因为新应用在时刻出现。

我们把“信息网络+智能终端”这种向各个应用领域渗透的方式，称为“信息网络+智能终端的应用全渗透”，简称“应用全渗透”，或“全渗透”。

从管理学角度来看，这种“全渗透”，将带来两个趋势：一是行为主体的个性彰显趋势；二是从众行为引起的趋同化趋势。行为主体的这两个趋势，将深刻地影响管理学的诸多分支的发展。

在这两个趋势的影响下，管理学的不同分支也将出现学科的“（多）特性化趋势”和学科“（多方面）趋同化趋势”。

以不同学科的（多）特性化发展为例，在“全渗透”的时代，组织行为学会更注重研究组织中的人的个性对组织行为的影响，对领导风格甚至策略取向的影响；而优化决策科学会更注重研究个性化数据可能驱动新的模型和新思路。

以不同学科的（多方面）趋同化发展为例，在“全渗透”时代，个人使用智能终端的行为，多少会有个人隐私的蛛丝马迹，各个有关的严肃的学科都会关注在本学科如何保护隐私的问题；由于“信息网络+智能终端”的巨大方便性，个人在智能终端所做的诸多操作，都会以痕迹的形式积累成巨量数据（见下文“痕迹大数据”引起的管理学科变革），因而各个学科都会重视这些痕迹数据的挖掘，从而出现“趋同倾向”，如用深度学习方法挖掘数据，用人工智能算法处理数据等。

7.3　“痕迹大数据”引起的管理学科变革

痕迹大数据是“信息网络+智能终端”向社会各方面“全渗透”的产物。全社会，绝大多数人在几乎所有的社会活动领域，使用了智能终端，从而在信息系统里留下了使用的痕迹。这些几乎“全方位”地反映了现代人社会生活的“痕迹数据”，自然是研究现代人行为特征、行为规律的宝贵资料，因而不可避免地影响所有与人相关的管理学科分支的变革，影响这些学科的未来发展。

在痕迹大数据被大量积累之前（在人们意识到信息系统里的痕迹数据的巨大意义之前），管理学中的与人的行为相关的各个分支，还是主要通过访问调查、蹲点调查、田野调查、当面或通过通信工具的问卷调查（即种种量表）来获得数据，或者借助专业抽样调查统计机构的数据（反映在各类年鉴、统计报表中），运用数理统计学的理论和工具，来研究人们在各个领域中的行为特征和行为规律，但是在人们“突然”关注到，各类信息系统、网络、终端日积月累地运行，积存了数量巨大的、人们从事各类行为的痕迹数据后，研究各领域中人的行为的管理学科，就进入了通过挖掘“痕迹数据”，来寻找当代人在相关领域的行为特征和行为规律的探索。虽然人们还没有找到处理“痕迹大数据”的理论，我们仍然有理由相信，管理学的各个分支都将因“科学地处理痕迹大数据”的努力而改写。

参考文献

[1] 国务院. 国务院关于印发统筹推进世界一流大学和一流学科建设总体方案的通知（国发〔2015〕64 号）.

http://www.moe.gov.cn/jyb_xxgk/moe_1777/moe_1778/201511/t20151105_217823.html，2015-10-24.

[2] 王小毅. 管理科学与工程学会 2012 年常务理事会扩大会议纪要[Z]. 2012.

[3] Nitsche M A，Paulus W. Transcranial direct current stimulation-update 2011[J]. Restorative Neurology and Neuroscience，2011，29（6）：463-492.

[4] Carter M，Shieh J C. Guide to Research Techniques in Neuroscience[M]. 2nd ed. San Diego：Academic Press，2015.

[5] Banich M T，Compton R. Cognitive Neuroscience[M]. 3rd ed. Belmont：Wadsworth Publishing，2011.

[6] Bunge S，Kahn I. Cognition：an overview of neuroimaging techniques[C]//Squire L H. Encyclopedia of Neuroscience，vol. 2. Oxford：Academic Press，2009：1063.

[7] Charron S，Fuchs A，Oullier O. Exploring brain activity in neuroeconomics[J]. Revue d'Economie Politique，2008，118（1）：97-124.

[8] Hart J. The Neurobiology of Cognition and Behavior[M]. Oxford：Oxford University Press，2015.

[9] Crosson B，Ford A，McGregor K，et al. Functional imaging and related techniques：an introduction for rehabilitation researchers[J]. Journal of Rehabilitation Research and Development，2010，47（2）：7-33.

[10] Koch S，Habermehl C，Mehnert J，et al. High-resolution optical functional mapping of the human somatosensory cortex[J]. Frontiers in Neuroenergetics，2010，2（12）：1-8.

[11] Hüsser A，Wirth W. Do investors show an attentional bias toward past performance?An eye-tracking experiment on visual attention to mutual fund disclosures in simplified fund prospectuses[J]. Journal of Financial Services Marketing，2014，19（3）：169-185.

[12] 马庆国. 大数据、科学问题、泡沫、痕迹数据[R]. 东北大学信息科学与工程学院，2015.

The Management Sciences in the Next Decade：An Analysis of the Main Causes of Rewriting Management

Ma Qingguo

（1. Management School，Zhejiang University，Hangzhou 310058，China；2. Institute of Neuromanagement Sciences，Zhejiang University of Technology，Hangzhou 310014，China；3. Academy of Neuroeconomics and Neuromanagement，Ningbo University，Ningbo 315211，China）

Abstract：This article analyzed the major changes which will happen in the next decade in Management Sciences driving by four powers that promote and will continuously promote the rewriting of management sciences，i.e. the mental work continues to replace physical work driven by the technological advance，the revolutionary changes of the research platform in social sciences produced by the neural science and technology，the changes in almost all social activities caused by the applications of the intelligent terminals（such as the smartphone）and the information networks，and the trace-big-data retained in various information systems which contained the behavior rule of users.

These analyses are helpful for researchers to foresee the development of management sciences in the future and adjust their research topics at present.

Keywords：management sciences；management of mental work；trace big data

附件：管理科学与工程学会2012年常务理事会扩大会议纪要

会议时间：2012年4月22日
会议地点：中国地质大学（北京）
会议记录人：王小毅（浙江大学）

一、会议简况

会议开幕式由中国地质大学人文经管学院院长安海忠教授主持。管理科学与工程学会理事长、中国工程院李京文院士，中国地质大学副校长雷涯邻教授，首都经贸大学副校长王传生教授，管理科学与工程学会常务副理事长、浙江大学管理学院马庆国教授先后为大会致开幕词。

会议首先就管理科学与工程学科建设及学会的历史责任、前进动力等关键战略议题进行了主题发言，并就管理科学与工程学科的未来发展、英文刊物等问题进行了深入讨论。此外，烟台大学经济与工商管理学院院长王淑云教授还对今年10月召开的"第十届管理科学与工程论坛暨2012年管理科学与工程年会"的筹备情况及日程安排进行了汇报。

来自浙江大学、上海交通大学、复旦大学、天津大学、中国地质大学、中国矿业大学、中国石油大学、中国农业大学、北京科技大学等55所院校的60余名经管学院院长或管理科学与工程学科负责人参加了此次会议。

二、管理科学面临的重大发展问题

马庆国教授代表常务理事会，提出关于管理科学与工程学科未来发展的若干重大战略议题。主要内容如下。

（一）学会的历史责任

从科研和教学两方面来谈。科研，关键在于理论方面，我们能站到什么前沿；应用方面，我们如何解决重大管理实际问题。教学，我们如何将科研的挑战与要求落实到相应的教育创新上。我们现在到了要迫切在上述两个方面重新思考管理科学与工程的发展方面，以及由此决定的学会的历史责任。

回顾库恩的科学革命的范式论观点，当一个学科高速成长以后会有一个减速，这个过程中科学家会思考过去的范式所存在的问题，提出对范式的改变，从而导致科学的新一轮发展。

只有抓住了学科理论前进的真正动力因素，才能正确回答上述问题。

（二）学科理论前进的动力——平台革命

1. 管理理论的关键内涵

管理学的本质是研究变量之间的关系。它可分为以下两个关键问题。

（1）资料采集：传统的资料采集方法包括现场一手资料采集（田野调查）、来自问卷的采集、来自年鉴的统计数据等。

（2）关系研究：主要采取统计和数理分析方法，如差分、微分方程、系统动力学、非线性差分方程的迭代等。

如果这两方面被打破，那么就意味着管理科学进入一个范式变换期，意味着学科理论的重大变革。我们提出一个新的观点，即目前整个管理科学乃至整个人文社会科学都面临着“平台革命”。与过去的研究平台相比，出现了两个重要新生平台：基于信息科学的计算平台、基于生命科学的测量平台。

2. 当前数据的困扰

信息技术和产品的疯狂发展导致广义数据的量大、多形态、连续、异构。人们在海量数据面前“不知所措”。传统管理科学方法（如数据采集+数理统计方法+软件运行）不能很好地将这些海量数据变成管理研究的有效资源。因为这些数据，既不是总体，也不是概率抽样的数据，没有理论支持数理统计学方法的应用。若要开发出处理这类“非概率抽样的局部数据”的理论和方法，恐怕全世界的有关学者要用 10 年的时间。

当然，了解当前人们对处理这些数据做了些什么，对建立处理这类“非概率抽样的局部数据”的理论与方法是有帮助的，在现在的信息技术背景下，已经出现了以下新技术和新方法。

（1）通过视频记录进行分析：不仅刑侦需要，动作研究及重大突发事件应急管理也需要。

（2）小程序、大数据：依靠新的数据思维，对现有数据结构进行重新设计和压缩，从而使得现有的计算能力能够满足处理海量数据的要求。

（3）网络爬虫：将网页信息转为文本信息，然后从中抓取关键内容和字段。

（4）金融异象：对金融交易数据通过物理学的方法进行分析。

（5）计算实验：借助诸如 Swarm、Repast、MASON、Ascape、NetLogo、StarLogo、TNGLab 等软件，进行基于计算机环境的社会科学实验研究。

（三）学科发展的重要方向：仿脑决策计算

明确学科困境，是学科前进的必经阶段（危机是改革的动力）。

在数据爆炸的背景下，处理上述日益复杂的社会系统，传统的研究思路是站在系统以外来研究系统的运行，这需要对系统中的各要素以及之间的关系进行充分研究，难度很大；还有一个思路，是到每个系统中，从系统中的关键个体的策略和互动关系来研究系统的运行。依靠日益成熟的传感技术（尤其是社会感知技术），计算科学正尝试处理这类难题，并产生了一系列的概念，最具典型代表性的就是普适计算、云计算，以及智慧计算（还有一些是学术理论中的概念探索，如超计算、情感计算）。

信息技术和生命科学技术在智慧领域进行了交融。决策科学是管理科学的核心，理应成为智慧技术的关键。借助仿脑决策科学和仿脑决策计算，将传统决策科学、行为决策科学、神经决策科学等管理科学的重要内容，整合到新的智慧平台上，面向重大问题解决，增加对决策直觉、决策情感等因素的考虑，充分融合信息计算科学和生命科学，是在新平台革命背景下的管理科学与工程的一个可能的出路。

（四）本科生教学改革与创新

钱学森生前曾经提出为什么现在中国大学不能培养出创新性人才的疑问。温家宝说："钱学森之问对我们是个很大的刺痛，也是很大的鞭策。钱学森先生对我讲过两点意见，我觉得对同学们会有用，一是要让学生去想去做那些前人没有想过和做过的事情，没有创新，就不会成为杰出人才；二是学文科的要懂一些理工知识，学理工的要学一点文史知识。"[①]"钱学森之问"引发我们对管理科学与工程本科生定位的再思考，并进一步涉及教材、教师和体制问题。

在"平台革命"的背景下，反观发达国家，我们可以发现很多重大信息科技革命的领军人物的创业始发于本科生阶段（如乔布斯、扎克伯格）。建议启动"本科生科研领军人才培养计划"，重视本科生的自主创新能力，以实践为中心，鼓励本科生参与前沿科学研究。在此基础上，对课程与教学的配套进行改革，通过其他组织、平台和活动进行支撑。

三、讨论环节

天津大学齐二石教授补充，在学会的责任问题上，可以再进一步明确第三条，即面向国家重大需求。结合自己与科学技术部、教育部、国家发展和改革委员会、国务院国有资产监督管理委员会接触的经验，发现国家的需求很多，但是对管理全学科，仍然存在社会承认的问题。很多人对我们管理学科的认识程度不够，不清楚管理科学能解决什么问题，能起到什么重要作用。因此，管理科学在理论研究之外，要重视解决了什么问题。这要靠管理科学的研究方法和研究手段，最后要能够解决问题。胡锦涛提出，"牢牢把握发展实体经济这一坚实基础，实行更加有利于实体经济发展的政策措施，强化需求导向，推动战略性新兴产业、先进制造业健康发展，加快传统产业转型升级，推动服务业特别是现代服务业发展壮大，合理

---

① 温家宝寄语青年五句话 称钱学森之问是刺痛和鞭策. http://zb.people.com.cn/GB/14717/98407/120220/11522851.html, 2010-05-05.

布局建设基础设施和基础产业”[①]。我国钢铁业快速发展了，但创新不够，大量生产普钢，不仅污染重，而且创造的利润还抵不了进口特种钢的花费。因此自主创新，方法先行。技术创新看专利指标；管理创新看效益指标。连接两者的是创新管理。

上海交通大学陈宏明教授补充，学科建设是我们学会的首要使命。采用“基金会+学会+杂志”的模式，可以起到较好的引领学科发展的作用。

华北电力大学牛东晓教授介绍了智能电网的例子，强调了管理科学在智能预测、调度、计划、规划、用电部门需求、峰电预测和气象之间关联等方面的作用。在智慧技术上，智能调度过去是单目标的决策，看谁的煤炭消耗小，谁就优先发电，现在还要考虑利润、环境代价、市场上交易博弈，比计划经济下的调度要复杂，要给出各种情况下的对策，这就需要用智能来解决；危机状态下，电力局部故障逐渐增加，如何及时发现，就需要智能感知；智能用电，也可以帮助老百姓对用电、节电进行辅助决策。

国防科技大学信息系统与管理学院院长谭跃进少将强调了信息技术对本科生培养提出新挑战，并提出博士学位论文评审标准需要进一步明确和推进，提升博士学位论文质量。

南昌大学代表强调了顶天立地和三结合的人才培养原则，并介绍了运用系统工程方法来研究和推广规模化养殖与环境保护工作的例子。

东华大学汤兵勇教授强调，学术、教育、应用三方面侧重点可以有所不同，学会在操作上进行统筹。例如，侧重理论研究可以结合基金重大项目；教学可以结合教学指导委员会；发展擅长理论联系实际的特长。并举了推动云计算的例子。

合肥工业大学管理学院梁昌勇教授强调，要站在一个更大的背景下，为社会、高等教育和学科发展做出贡献。要走出去宣传，提高本学科的社会影响力，结合重大需求，为行业部门提供咨询、标准，为企业管理实践解决实际问题。提炼学科发展方向，制定学科发展评价标准。

四、英文刊物筹备（略）

五、10 月会议筹备（略）

---

① 胡锦涛在中国共产党第十八次全国代表大会上的报告（2012 年 11 月 8 日）. http://cpc.people.com.cn/n/2012/1118/c64094-19612151.html，2012-12-18.